AF272833

MITT ÅR FÖR KLIMATET

Ina Ekegård

Mitt år för klimatet

© 2023 Ina Ekegård
© Omslag: Sandra Trankell

Förlag: BoD – Books on Demand, Stockholm, Sverige
Tryck: BoD – Books on Demand, Norderstedt, Tyskland

ISBN: 978-91-8057-390-0

Till Andy, barnen, planeten och framtiden. Till dig som läser. Till Gud om du skulle finnas. Till mänskligheten 2.0.

100 %

av intäkterna från boken
i sitt tryckta format kommer
att skänkas till Greenpeace.

Innehållsförteckning

Vad är det här för en bok och varför?

Jag har inte för avsikt att servera ett politiskt manifest eller säga åt dig vad du ska göra och inte göra. Det här är min berättelse om vad jag själv gjorde när klimatångesten började gnaga alltför intensivt i köttet.

Mänskligheten står som bekant inför en klimatkris som är på god väg att utrota oss. Som alla andra hade jag valt att sticka huvudet djupt ner i sanden. Visst var jag medveten om att det var dags att steppa upp. Gör vi inte något nu kommer det att skita sig med den här planeten. (Eller ja, själva planeten klarar sig väl. Det är vi som bor på den som får problem.) Jag visste men levde liksom ändå bara på som om det var min förbannade rätt att göra så.

Det finns mycket skrivet om hur illa det verkligen är med klimatet. Många gånger har jag valt att ducka för hårdkokt fakta på temat, rädd som jag varit för att kunskapen skulle golva mig. Men det är klart att jag haft koll på läget. Egentligen. Som ett ångestspöke svävade vetskapen över mig medan jag köpte mina influgna mangofrukter eller tankade mitt fordon med icke förnyelsebart bränsle. Allt högre väste spöket: *Förihelvete människa, wake up already!*

Det var en molntäckt fredagsförmiddag i november 2020 och jag hade avslutat arbetet med min roman Definitionen av en syster som skulle komma ut året därpå. Redan tidigare hade jag börjat skissa på nästa bokprojekt och tiden var kommen att kliva in i nya världar och karaktärer. Jag var taggad. Författarhunden var nybadad. Det fanns kaffe. Ändå satt jag bara där och stirrade på den tomma skärmen. Kunde det vara så att det inte alls var en roman jag skulle skriva den här gången? Utan någonting helt annat.

När exakt jag tröttnade på att förvara huvudet i sanden vet jag inte. Förändringar sker väl sällan från ena dagen till den andra. Istället smygförvandlas vi över tid. Människor i vår omgivning gör saker. Säger saker. Livet kastar oss lite hit och dit. Vi ser en dokumentär. Vi ser en till. Lyssnar på en podd. Och successivt slutar den gamla världsbilden att funka och vi tvingas skaffa oss en ny. Någonstans mitt i detta mitt personliga paradigmskifte dök ett årtal upp i bruset. 1860.

Forskare menar att 1860 års levnadsstandard är ett riktmärke när det kommer till klimatet. Det är dit vi måste återvända. Om vi ska ha en chans att rädda vad som räddas kan måste vi minska vårt ekologiska fotavtryck till det som folk hade på artonhundratalet. Genomsnittssvensken släpper i dag ut cirka 8 ton växthusgaser per år. År 1860 var siffran 1 ton. Vi behöver bli en åttondel så skitiga, en åttondel så ego. Det handlar om en genomgripande förändring och, jag vet, här är det lätt att börja svettas.

Den där molntäckta novemberfredagen insåg jag att det blivit dags att byta spår. När du väl har lirkat upp huvudet ur sanden känns det helt enkelt inte rimligt att stoppa ner det igen. Det var dags att göra någonting radikalt. Jag ville gå all in och utmana mig själv å det grövsta. Vad händer när man tar en bortskämd nutidsmänniska och skickar henne på en tidsresa tillbaka till år 1860? Jag bestämde mig för att undersöka den saken. Och skriva en bok om det.

Det här är den boken.

Liten ordlista

Offgrid
Koppla bort sig från elnätet och klara sin energiförsörjning på egen hand genom till exempel vedeldning.

Ekologiskt fotavtryck
Den påverkan en persons livsstil har på planeten. Det handlar om mängden resurser som personen förbrukar och hur framställningen av dessa resurser påverkat miljön.

Plastbanta
Välja alternativ till plast. Vad man kanske inte tänker på är att även kläder kan innehålla plast. Fleecetröjor till exempel släpper ifrån sig tusentals mikroplastbitar vid tvätt, plast som hamnar i sjöar, hav – och i fiskarnas magar.

Tiny house

Begreppet tiny house kommer från USA och refererar till ett litet bostadshus, ofta byggt på hjul för att lätt kunna flyttas. Vanligtvis är ett tiny house inte större än 30 kvadratmeter. Valet att bo i tiny house handlar för de flesta om en strävan efter frihet, såväl ekonomisk som från onödiga prylar.

Deep year

Under ett år avstå från att köpa nya prylar och istället se och återupptäcka det man redan har. Slutföra påbörjade projekt. Läsa alla böcker i bokhyllan. Äta upp all mat i skafferiet.

Permakultur

En odlingsinriktning där man använder sig av naturen som modell för att designa en trädgård eller ett lantbruk. Istället för att gräva och tillföra konstgödsel låter man mikrolivet i marken förvandla organiskt material såsom löv, kvistar, gräs och så vidare till odlingsjord.

Bokashi

Klimatsmart modell för jordförbättring. Ett fermenterat vetekli strös över matavfallet som efter ett par veckor är redo att läggas ut i odlingslandet. Binder koldioxid och bidrar till levande och näringsrika jordar.

Man

Här passar jag på att flika in en upplysning om min syn på begreppet "man" (som i meningen "Man får ju vara glad att man lever.") Jag är medveten om att många bytt ut "man" mot "en" och att jag förväntas haka på. Eftersom jag anser att ordet inte enkom refererar till de individer som saknar snippa utan helt enkelt betyder "människa", tar jag mig friheten att vara old school på den här punkten.

Kapitel 1

Några tankar till att börja med

Visionen

Hitta rätt

Visionen inkluderade en lantligt belägen stuga utan el men med vedspis och utedass, människor och sammanhang. Den inkluderade odling, höns och självförsörjning, buss på gångavstånd. Att jag, en storstadsmänniska helt utan erfarenhet av odling, skulle kunna bli självförsörjande, var en rakt igenom orealistisk tanke. Det är ju det som är bra med visioner, att de inte behöver vara verklighetsförankrade. Det går ju alltid att plöja några böcker, tänkte jag, prata med folk som vet, kolla klipp på Youtube, gå lite kurser.

Jag valde att tidsbestämma livsstilsexperimentet till ett år. Folk omkring mig protesterade och sa att det var alldeles för länge att leva utan bekvämligheter, men jag viftade undan deras protester och sa att *jag är nog tuffare än somliga tror*. Jag kan till och med ha slängt ur mig något om att stanna kvar på 1800-talet resten av livet. Hur som helst, gällande själva experimentet hade jag två målbilder - att pröva en livsstil som gör minimal åverkan på planeten och att se vad som händer med mig som människa när genvägarna rycks undan. Jag menar, om *jag* överlever, då är det ju fritt fram för alla andra sedan.

Det finns ju andra vägar att gå

För min del blev det en tidsresa tillbaka till 1800-talet men det är givetvis inte det enda sättet på vilket man kan minska sitt ekologiska klimatavtryck. För den som inte är sugen på att hugga ved finns ju lösningar av mer högteknologisk art - passivhus, eget vindkraftverk, solcellspaneler och så vidare. Dessa lösningar utvecklas dessutom i snabbare takt än någonsin just nu.

Orkestern på Titanic

För det mesta har jag en positiv, på gränsen till naiv, livssyn. Jag tror gott om folk och utgår ifrån att det mesta "löser sig". Men i mina mörkare stunder har jag jämfört det här klimat-projektet med orkestern på Titanic. Den som bara fortsätter att spela fastän det är uppenbart att hela skiten är på väg att sjunka.

Kommer det över huvud taget gå att leva på den här planeten när mina framtida barnbarn står i begrepp att skaffa familj? Hur stor har befolkningen vuxit sig vid det laget? Hur mycket mer har vi förstört? Det är lätt att gå ner sig i nattsvarta tankar och associationerna till böcker och filmer på dystopiskt tema är många.

Nä visst, att jag som enskild individ sänker mitt koldioxidutsläpp från 8 ton till 1 ton gör förstås ingen skillnad i det stora hela. Har vi tur kan jag inspirera någon och sannolikt kläcker en och annan samma idé på egen hand. Men för att det hela ska funka krävs förstås att *alla* kliver på tåget. Och hoppsan, det är över 8 miljarder människor vi har att göra med här.

Nedmonteringen av min materiella välfärd har inneburit uppoffringar och det kan tyckas schysst eller till och med lite heroiskt att göra dessa uppoffringar. Men satt mot bakgrunden att vi skulle behöva allas medverkan ifall en sådan här livsstilsförändring ska betyda något, så blir mitt experiment kanske mest ett spel för gallerierna. Varför valde jag då ändå att genomföra det? Jo, för att jag behövde *göra* något och inte bara sitta och se på. För att jag vägrar att ge upp tanken på att det goda kan segra. Och för att jag är typen som nog faktiskt skulle fortsätta att spela i den där orkestern på Titanic. To the bitter end liksom.

Som alla mynt har min relation till klimatkrisen två sidor. Å ena sidan önskar jag ju att vi ska få vara kvar här, erbjudas en chans att städa upp och starta om. Jag önskar att mina barn ska få långa balla liv, fyllda av resor och överraskningar och kärlek, gemenskap och musik och vatten som går att dricka. Och så även deras barn och deras barn och så vidare.

Å andra sidan har mänskligheten uppträtt som en oförlåtlig jävla parasit - ett skadedjur, en pandemi. Vi har våldfört oss på naturen, djuren, vår egen art och tillfogat så mycket lidande att det är högst tveksamt ifall vi förtjänar en andra chans. Ärligt talat, ifall vi utrotas kan det vara att betrakta som det allra bästa som har hänt den här planeten.

Men å ena sidan igen... ifall nu mänskligheten trots allt skulle få den där andra chansen, hade det inte varit läge då att satsa *allt*? Hade det inte varit läge att bygga upp någonting som vi slipper skämmas för? Någonting där fundamentet *inte* är me, myself and I, sjuka maktstrukturer och barbari. Om vi faktiskt skulle få en andra chans, hade det då inte varit på sin plats att snygga till sig? Levla upp. Bli Mänskligheten 2.0.

Boken

Att skriva en bok som inte är en roman
Efter två års heltidsstudier i litterär gestaltning på författarskola och fyra publicerade romaner har jag någorlunda koll på hur det går till att skriva ett fiktivt bokmanus. Jag greppar det där med dramaturgi, karaktärsfördjupning och dialog, är bekant med begrepp som *show don't tell* och *kill your darlings*. Den här boken skiljer sig radikalt från mina tidigare. Fiktionen saknas och istället är den dokumentär. Att skriva en bok som inte var en roman, det var något nytt. Plötsligt var det *jag* som var bokens huvudkaraktär!

Som person är jag ganska introvert och nu hade jag alltså bestämt mig för att skriva en bok om mig själv. Var det så smart? Även en roman är väl i viss mån självutlämnande men en reportagebok som följer mig, Ina Ekegård in person, under ett år – här kan vi snacka självutlämnande. Alternativet hade varit att skriva en mer allmänt hållen bok. Eller att inte skriva någon bok alls. Men livet är kort och ifall det personliga kan tillföra något till dig som läsare, vill jag inte vara den som fegar ur.

Bollplank

Oavsett om det skulle bli någon bok eller ej var jag i behov av bollplank. Jag behövde världen utanför den egna bubblan att luta mig emot. Pröva själv att göra en tidsresa hundrasextio år tillbaka i tiden, så fattar du vad jag menar. För att inte riskera att tappa fokus behövde jag redovisa vad jag höll på med - och få respons. Det är nog inte bara jag som gör mer ifrån mig när andra har insyn. Jag menar, varför har arbetsplatser chefer?

Tidigt i processen bestämde jag mig för att bjuda in mina Instagramföljare på ett hörn. Det skulle ge mig input på vad som var intressant att fokusera på i boken och inte. Hände det under resans gång att jag kände mig exponerad? Exhibitionistisk? Var det någon gång jag tröttnade på alla bilder av mig själv med skottkärra eller yxa och fanns det tillfällen då jag skämdes lite?

Svaret på alla de här frågorna är ja. Efter vart och vartannat inlägg frågade jag mig: Tar jag för mycket plats nu? Är någon intresserad av det här? Men efter hand var det faktiskt fler och fler som påstod att de såg fram emot att läsa boken, både följare från Instagram och människor ute i verkligheten. Jag insåg också att jag lite för många gånger hade hävdat att det skulle bli en bok för att känna mig helt bekväm i att dra tillbaka det påståendet.

En bok i mängden

När jag fick idén till det här projektet tänkte jag att jag var lite unik, att projektet var lite unikt, vilket knappast stämmer. Att flytta ut på landet är ju värsta trenden nu. Odla. Göra sig av med sina prylar. Bli vegan. Sluta flyga. Ord som downsizing uppträder alltmer frekvent i det offentliga rummet. Minimalism. Prylbantning. Deep year. You name it. En kompis sa: *Men tänk om någon annan hinner före dig? Tänk om någon skriver boken du tänkt skriva!* Ja, men vad då, det gör väl inget? Lite tvärtom egentligen - hade det inte varit rätt coolt ifall marknaden översvämmats av reportageböcker om folk som går offgrid och odlar gurkor? Just min resa har ju hur som helst ingen annan gjort. Alla skapar sitt eget deep year, fyller det med sig själv, sina ambitioner, förmågor, A-sidor och B-sidor.

Ekologisk prislapp

En ofrånkomlig aspekt i det här med att skriva en bok om ett klimatprojekt är förstås att själva bokutgivningen har en negativ miljöpåverkan. Både tryckta och digitala böcker genererar koldioxidutsläpp. Det spelar tyvärr ingen roll om det är en bok som ska uppmuntra till smarta klimatval, den drar sitt koldioxidstrå till stacken ändå. Jag övervägde att ge ut boken enbart som e-bok, för att jag hade fått för mig att det var det minst klimatfientliga formatet. Sedan läste jag att pappersboken har mindre miljöpåverkan än e-boken, såvida inte plattan där e-boken ska läsas används ett visst, relativt högt, antal gånger innan den byts ut.

Traditionellt trycks en pappersbok upp i stora upplagor på tryckeriet. Ju fler böcker förlaget låter trycka upp, desto lägre blir priset per exemplar. Risken finns att boken sedan inte säljer så bra som förlaget (och författaren) hade hoppats och att böcker samlar damm på ett lager och till slut kasseras. Ett betydligt mer miljövänligt alternativ är print-on-demand. Här trycks varje bok först när den beställs. Noll spill med andra ord. (Psst... *Mitt år för klimatet* är en print-on-demand-bok.)

Ljudbok då? Det är ju ändå många som föredrar att lyssna på böcker framför att läsa dem. Ljudboken tycks dessvärre vara den största miljöboven i sammanhanget. Samtidigt tappas onekligen många läsare när man dissar ljudboksformatet, vilket naturligtvis även är fallet när enbart e-bok eller enbart pappersbok publiceras. I något skede övervägde jag att skippa samtliga bokformat och helt enkelt mejla ut manuset som PDF till ett större antal personer som i sin tur var fria att sprida det vidare.

Vi kan nu konstatera att det blev en bok. I såväl fysiskt som digitalt format.

Kapitel 2

Bygga en plattform

Upplägg

För att jag skulle kunna genomföra den här livsstilsförändringen var det vissa grejer som behövde falla på plats först. Jag behövde:

- en plattform
- tid
- någon slags försörjning

En plattform

Sedan väldigt många år tillbaka hör jag ihop med Andy och vi har två barn. 2007 bestämde vi oss för att lämna Stockholm och plantera om vår lilla flock ute på landsbygden. Några mil söder om huvudstaden, i närheten av kohagar och waldorfskola, hittade vi så småningom ett hus. En social plattform byggdes upp och gudars vad bra det blev. Vi var så där löjligt nöjda med vårt nya liv.

Tills jag en dag insåg att jag faktiskt inte var det längre.

För att göra en lång historia lite kortare började jag längta tillbaka till Stockholm. Jag saknade vajben i storstaden och blev ledsen av landsbygden. Ett bra tag svalde jag och gillade läget. Det här var ju vad alla ville. Jag bet så att säga ihop för laget. Men när även dottern pekade med hela handen och sa att det sörmländska samhället var för litet, tog jag oss på allvar. Efter en del om och men kunde vi konstatera att hälften av familjen ville bo kvar medan den andra hälften avsåg att bosätta sig i en tvåa på Hägerstensåsen. Andy och jag blev därmed särbos.

Under åren som gått har huset på landet blivit kvar i familjens ägo. Medan min personlighet tenderar att med jämna mellanrum utropa: *Vi släpper allt och hittar på någon nytt!* är Andy mer för kontinuitet och framförhållning. Tack vare honom fanns därför, när jag nu stod här med ett livsstilsexperiment att realisera, en given plattform. Han var dessutom en stor supporter för idén att jag skulle flytta tillbaka. Själv gillade jag inte bara tanken på oss två på samma plats igen utan var också (surprise!) taggad på den landsbygd som jag dissat rätt hårt 8 år tidigare. Kontexten var en annan nu och så även upplägget i byn. I och med det kollektiv som etablerat sig där under min bortavaro fanns ett större utbud av människor som var inne på lite samma saker. Människor som med sin blotta existens placerade mig i ett sammanhang.

Vid det här laget hade våra barn fått egna tak över sina huvuden. Malligt tittade vi på medan de snickrade ihop sina liv. Så där som de vill ha dem. Det är sorgligt när barn flyttar hemifrån. Man gråter. Man vill spola tillbaka tiden. Man vill få göra om alltihopa igen. Men när man gråtit färdigt frågar man sig: *Okej, vad ska vi göra nu då?* Helt osannolikt är det väl inte att barnen blivit omhändertagna av de sociala myndigheterna ifall jag iscensatt det här projektet under deras uppväxt. *Bo i en stuga utan el och rinnande vatten? Gå på utedass året runt? I Sverige? Nej men hallå!*

Andy är hantverkare och han har länge pratat om att han skulle vilja bygga ett hus någon gång. I ett tidigt skede i min process sa han att han ville bygga en stuga till mig. Han var okej med att jag skulle omvandla hans trädgård till ett lantbruk och såg inga problem i att ett torrdass inrättades i en av förrådsbyggnaderna. Att ha tillgång till en sådan här exceptionellt tillmötesgående sidekick är förstås väldigt hjälpsamt när man står i begrepp att möblera om sitt liv.

Tid

Författaryrket blir man inte fet på. Vid sidan av mitt skrivande är jag socionom. Jag jobbar med familjehem - rekryterar, utreder och handleder familjer som tar emot barn som av olika anledningar inte kan bo med sina biologiska föräldrar. Yrket kräver fullt fokus och jag är ofta dålig på att släppa jobbet när jag går hem för dagen.

Med andra ord var kombon socialt arbete – livsstilsexperiment inte optimal. Risken att jag skulle få ett splittrat fokus var stor och det kändes över huvud taget knepigt att hoppa mellan världarna. Jag bestämde mig för att ta ett år off. Med förhoppningen att det inte skulle bli några problem att få nytt jobb efter årets slut, sa jag helt sonika upp mig.

Någon slags försörjning

Av en författarkollega fick jag tips om en mindre privat fond där medel betalas ut till konstnärer med projekt som syftar till att på olika sätt förbättra samhället. När jag skickade in min ansökan kände jag mig helt säker på att bli antagen eftersom min projektbeskrivning var både charmerande och exakt stämde in på vad som efterfrågades. Sveriges Författarfond delar med

jämna mellanrum ut arbetsstipendium till litterära upphovs-
män, däribland författare. Valet av stipendiater baseras här på
tidigare produktion, inte kommande projekt. Författarfonden gör
en kvalitetsbedömning av vad sökanden gjort tidigare. För
säkerhets skull skickade jag en ansökan även hit.

23 augusti 2021. Instagram.
Ansökan till Författarfonden inskickad. Nu ska jag koka
te på stulna hårlockar från en jungfru och sedan sova
resten av veckan på en A-brunn så ska det nog gå vägen.

Vidskepelse ska inte underskattas. De stulna hårlockarna gav
resultat. Eller om det var nätterna på brunnslocket. Jag
beviljades inte bara ett utan två olika stipendier från
Författarfonden och kände mig i det närmaste som en
Nobelpristagare. Den mindre fonden som jag varit så säker på,
avslog dock min ansökan. De hade uppenbarligen fått in något
ännu mer storslaget världsförbättringsprojekt.

Minimalism

Hej då sakerna!

En av själva grundvalarna i att förenkla sitt liv borde väl vara att minska ner på antalet ägodelar. Att bli minimalist. Saker du själv inte behöver kan göra mer nytta hos någon annan helt enkelt. Och när du ger bort eller säljer dina grejer till någon, slipper denne skaffa nya (varpå belastningen på jordens resurser minskar). En klockren "win-win-win" nye ägaren, dig och jorden emellan.

Människor som gjort minimalismen till en livsstil menar också att saker och åtaganden (som i och med vårt ägande) ligger och guppar i vårt undermedvetande, stjäl vår uppmärksamhet, stressar och gör oss trötta. Det vi äger ansvarar vi för att förvara, skydda, rengöra, underhålla och serva – lägenheten, huset, bilen, cykeln, klädesplaggen, teknikprylarna och småkrafset, alla grejer i vindsförrådet.

Jag har aldrig betraktat mig själv som någon materialist – tvärtom faktiskt. Det har inte bott någon shopaholic i mig och jag har för det mesta valt att lägga mina pengar på upplevelser hellre än grejer. Men ifall jag någon gång övervägt att titulera mig minimalist kom jag på andra tankar när jag nu började gå igenom mina ägodelar. För jag hade samlat på mig betydligt mer än jag kunnat ana.

Det finns olika vägar att gå för att minimera antalet prylar. Själv delade jag in mina ägodelar i fyra kategorier - det jag inte behöver och bara kan släppa, det jag inte behöver men tycker om, det jag inte behöver men älskar och det jag verkligen behöver. De två första kategorierna skulle skoningslöst ryka i utrensningen medan trean och fyran kvalificerade sig till att få vara kvar.

Gällande hela den första kategorin var det utan svårighet som jag annonserade ut alltihop på Marketplace och Blocket eller gav bort. Jag kände mig målinriktad och cool, upprepade med lätthet mantrat *Det är ju bara grejer.*

27 mars 2021. Instagram.
Jag framhärdar i min avmaterialisering. Möbler och
lampor bärs ut av äppelkindade par från Blocket,

elvispar, mattor, våffeljärn. EARTH HOUR ikväll. Snart
påbörjar jag mitt EARTH YEAR!

Ju fler av mina saker som bytte ägare, desto studsigare blev jag. Jag har varit med om det förut - utrensningar i förråd och garderober har alltid gjort mig upprymd. Här var jag grundligare än någonsin, plötsligt förvandlad till ett konkursdrabbat varuhus – *Allt ska bort!*. En polsk kvinna kom och hämtade Ikeahyllan Ivar. När jag frågade om hon ville ha en byrå på köpet blev hon så glad att jag slängde med ett par linnegardiner också. Jag gjorde mig alltså inte bara av med grejer utan fick också tillfälle att känna mig som en god människa.

Väl vid kategori 2 (det jag inte behövde men tyckte om) blev det svårare. Det käcka mantrat *Det är ju bara grejer* funkade inte längre. Sakerna hade ju faktiskt en historia, ett ekonomiskt värde, ett estetiskt. Och det kan komma en dag när jag får på mig de där jeansen igen eller vill hänga upp den där tavlan. Här fick jag brottas en del med mig själv. Samt påminna mig om att jag och mitt bohag inom kort skulle rymmas på tjugo-någonting kvadrat.

17 aug 2021. Instagram.
På ett tåg i Indien en gång blev Andy bestulen på sin
ryggsäck. Allt låg där. Bland annat snus för ett halvår.
Visst fick vi en del krångel. Men mest minns jag att han
bara kände sig himla fri. Tyckte det var skönt att vara
utan saker.

De senaste månaderna har jag gjort mig av med mer än
hälften av mina ägodelar. Jag vill inte låta religiös men
det blir lite av en tyngdlös känsla som infinner sig.

Jag hade ju även en bostad för mycket. Under projektåret valde jag att hyra ut den i andra hand, men när den här boken skrivs har jag sålt min lägenhet och flyttat ut permanent på landet.

Priviligierad

Många människor lever i avsaknad av både bostadsrätt och överflödiga prylar. Jag vill inte vara medelklassnormativ men förstår att jag antagligen är det. Boken är skriven utifrån min personliga resa och det går inte att komma ifrån att just jag råkar vara en priviligierad typ med fyrdubbelt så mycket pengar in i månaden som en lärare i Nepal tjänar på ett år. Den sjukt orättvisa resursfördelningen här i världen är förstås en annan högst angelägen samhällsfråga men den får inte plats i just den här boken.

Klädberg

Medan den här boken skrivs kommer larmrapporter om klädberg längs Östafrikas kust. Skänk-kläder från oss i väst skeppas till Ghana, Uganda och Kenya som donationer. *Shit vad snälla vi är*, tänker vi, medan (åtminstone delar av) donationerna skapar jätteproblem - för miljö, djur och människor. Tänk om mina skänkta kläder ändå har fått komma till människor som kunnat använda dem. Vad jag hoppas det! Och så undrar jag hur jag ska göra i framtiden, ifall nu inte välgörenhets-organisationerna är ett alternativ. Sälja till någon lokal secondhandbutik? Ge bort till folk jag känner? Förvandla till trasmattor? Det bästa är förstås att inte samla på sig en massa plagg. Och att använda dem man har tills de inte håller ihop längre.

Hinna klart till 1 september

Frön

Jag kunde verkligen ingenting om odling men med målet att bli självförsörjande var det bara att köra i gång. Rätt tidigt på våren 2021, flera månader innan själva projektet satte igång, sådde jag frön i krukor inomhus. Väldigt många frön i väldigt många krukor. Det skulle bli alla möjliga sorters grönsaker, ärter, bär och ätbara örter. Vi hade råkat komma över en större mängd krukor från ett dödsbo. En del av fröna hade vi fått av kompisar men de flesta köptes in från en leverantör på nätet.

Stugan

Vid den här tiden bodde och jobbade jag fortfarande i Stockholm men åkte i skytteltrafik fram och tillbaka med pendeltåget. Andy och jag började projektera för stugan där jag skulle bo under mitt 1800-talsliv (och framgent). Vi stegade upp en yta, placerade ut sopkvastar, plank och taktegel där väggarna skulle vara, la oss på gräset för att pröva ut bästa platsen för sängen, funderade på väderstreck och placering av fönster. Andy ritade en konstruktionsritning och stack iväg till en kompis som råkade ha sprängsten. Rätt vad det var hade han börjat lägga grunden.

Jag föreslog först att vi skulle bygga en stuga med formen av en skokartong - fyra väggar, ett tak och ett golv. (Man vill ju inte vara krånglig.) Men Andy tänkte två rum och påbyggd farstu på långsidan. Från början var han inställd på att bygga i timmer men efter ett snack med kommunen fick det bli ett lösvirkeshus. Målbilden var att i så stor utsträckning som möjligt använda äldre byggmaterial och skapa ett gammalt uttryck på stugan.

Att döda en gräsmatta

I anslutning till det stora huset (byggt 2007) låg en lummig trädgård med gräsmatta, fruktträd och bärbuskar. Läs: *idyll.* Det var jag en gång som planterat gräset, vattnat det, vårdat det. Nu, 12-ish år senare, skulle gräsytorna alltså transformeras till odlingsmark. Så snart tjälen gått ur jorden gick jag loss med spadar och järnhackor. Medan Andy byggde på min stuga ödelade jag sakta men säkert hans trädgård.

Det innebar en viss utmaning för min kontorslekamen att gräva och skyffla jord. Många skottkärror fylldes, kördes och tömdes. Eftersom vi bor ovanpå en rullstensås var det stora mängder sten i varierande storlek som behövde flyttas. Någonstans i skarven mellan vår och sommar blev jag så tipsad om *permakultur*, ett för mig då helt okänt begrepp men enligt uppgift en klimatsmart metod för odling. Jag nosade rätt på en onlinekurs och blev gradvis mer insatt.

Permakultur

Helt kort handlar permakultur om att samarbeta med (och apa efter) naturen. När man gräver och tillsätter konstgödsel och bekämpningsmedel sabbar man jorden och de världar som mikroorganismer, kvalster, maskar och mikrober har byggt upp under marken. Utarmning blir resultatet. Om man istället lägger till organiskt material som löv, gräsklipp, kobajs, kvistar och bygger på höjden, omvandlas allt detta över tid till perfekt odlingsjord – med hjälp av ovan nämnda organismer.

Jag byggde varje odlingsbädd med tidningspapper och kartong i botten och sedan lager på lager av gödsel, komposterade mat-rester och diverse levande material från växtriket. Tidningspappret och kartongen ska hindra ogräs från att tränga igenom. Även i gångarna mellan bäddarna blev det tjocka lager av tidningar, efter hand toppat med träflis. Uppbyggnaden av permaträdgården skulle komma att fortsätta över sommaren och genom större delen av projektåret.

Växthuset som blev en "pergola"

För några år sedan byggde sonen (med viss assistans av sin far) ett växthus som gymnasiearbete. Han odlade potatis, morötter och lök, skördade alltsammans och tillagade (med viss assistans av sin mor) en måltid för sex personer. Arbetet från växthusbygget genom odlingen till middagsbjudningen, dokumenterades noggrant i bilder och presenterades på skolans Öppet hus. Under åren som följde lades emellertid ett minimum av omsorg ner på växthuset. Tre vilsna druvrankor var fortfarande vid liv när vi körde igång med förberedelserna inför projektåret, men fönsterkarmarna hade ruttnat och tegelpannorna på taket var spruckna. Vi bestämde oss för att göra om byggnaden till en pergola. Vad är då en pergola kan man undra. I det här fallet är en pergola ett före detta växthus som saknar merparten av sina fönster och bara delvis har taket kvar.

Plantorna

Inomhus växte odlingarna i sina krukor, åtminstone en del av dem. Andra var tröga i starten och åter andra dog innan de hunnit få bekanta sig med de eminenta odlingsbäddar som upprättats åt dem. I början av juni satte jag ut överlevarna i pergolan och i de bäddar som var klara. Ganska många frön sådde jag direkt utomhus. Oerfaren som jag var satte jag potatis bredvid tomat. Big mistake, skulle konstateras senare.

Tjugofyra - sju

Sommaren fick karaktären av ett arbetsläger, fast utan de mer totalitära inslagen. All ledig tid ägnade vi åt arbete. Det var som om det aldrig tog slut. En helt ny värld skulle byggas upp och vi gjorde milslånga listor med To-do:s som efter hand bockades av och fylldes på. Emellanåt drabbades jag av smygpanik och frågade mig vad jag egentligen hade gett mig in på. Skulle vi lyckas ro den här plattformen i land till den första september? Skulle stugan bli klar i tid? Skulle jag palla med det här projektet?

7 augusti 2021. Instagram.
Ifall jag behöver överleva på granbarr och blåbär i vinter
så är jag redo.

Med smått maniskt driv plockade jag blåbär, hallon, plommon, krusbär, svarta vinbär, nässlor, diverse blad, äpplen, björnbär, päron, lingon och örter. Jag samlade föda som om våra liv hängde på det, vilket de förstås också gjorde. Skulle vi leva på 1800-talet var det ju hamstra till vintern som gällde, ifall vi inte skulle svälta ihjäl eller tvingas emigrera till Amerikat. Det jag lyckades torka torkade jag och förvarade i otaliga burkar, men utan hänsyn till mina offgrid-ambitioner hamnade en del också i frysen. *Jordkällare* lades till på To-do-listan.

19 augusti 2021. Instagram.
Det hade onekligen underlättat om jag varit mer huslig.
Mer händig. Om jag varit en hejare på att göra syrade
morötter och med lätthet kunde snickra ihop ett hönshus.
Den där killen i filmen "Tillsammans" som jobbar som
svetsare trots att han egentligen är helt värdelös på allt
praktiskt och bara vill prata politik - ibland känner jag mig
som honom.

Det är häftigt att kasta sig ut i någonting helt nytt och släppa gamla invanda hjulspår. Samtidigt tror jag inte att jag riktigt hade fattat hur mycket nytt jag skulle behöva lära mig. (Eller hur obegåvad jag var på somligt av det.) Det är skillnad på att lära sig nya saker inom det man redan kan och att börja på ruta ett. Här var det ruta ett på i princip allting och jag gjorde väldigt många saker för första gången. Några av de här grejerna skulle det visa sig att jag hade viss fallenhet för. (Att odla var faktiskt en av dem.) När det gällde andra områden fanns det nog en orsak till att jag inte gett mig på dem tidigare.

Pappa

Hantverk hade mycket väl kunnat vara mitt andra språk, med tanke på vilken grym snickare min pappa är. Jag sumpade den möjligheten. Däremot sög jag åt mig pappas begåvning för berättelser. När jag var liten läste han inte bara mängder av böcker för mig. Han delade också med sig av den ena berättelsen efter den andra ur sitt eget huvud. Det var mycket tack vare min pappa som jag blev författare. Men någon hantverkare blev jag inte. Vilket skulle bli tydligt när det nu fanns ett hus att bygga...

Tomater och potatis

Medan sociala medier svämmade över av klarröda snyggtomater, kunde vi följa hur våra egna gick från gröna till brunspräckliga till svartfläckiga. Bladen skrumpnade ihop och mörknade de också. Så även potatisblasten i bädden bredvid. För lite gödsel, tänkte vi och öste på med hästgödsel, men det gjorde ingen skillnad. Inte heller att vattna mer (eller mindre) stoppade förfallet. *Potatisbladmögel.* När vi väl lyckats ställa diagnos kunde vi konstatera att vi aldrig skulle ha satt potatis bredvid tomat. Somliga påstår att potatis och tomat inte ens kan odlas i samma trädgård.

Trots mögel på blasten blev det faktiskt en hel del potatis. Och det blev broccoli och spenat och chili och rädisor och bönor och persilja och ärter och sallad och gräslök och morötter och basilika. Och ett tjugotal friska gröna tomater. Som nybörjare blev jag rätt tagen av hur det som jag hade sått som frön kunde växa upp till någonting livskraftigt och ätligt. Och dessutom se ut precis som på bilden på fröpåsen.

Kapitel 3

*365 dagar i ett
livsstilsexperiment*

Hösten

Om du bestämmer dig för att genomföra en tidsresa till 1800-talet mitt i den moderna civilisationen, då får du räkna med att ständigt exponeras för genvägarna. *Jag kan köra dig*, säger någon när jag är på väg ner till bussen med två kassar, en hund och en pinnstol. Frestande, men ska jag göra det här... ja då ska jag ju göra det här.

Dag 1 – nu kör vi!

Den första septembers morgon vaknar jag upp i en grön sovsäck. Stugan har varken väggar eller tak än så jag har flyttat in i husvagnen anno 1975. Himlen är optimistisk och en försynt sensommarsol kikar fram bakom krispiga molntussar. Jag har mössa och luvtröja till jeansen. Lite trevande börjar jag göra upp eld ute på grusplanen. Målbilden är kaffe.

Det är första dagen på nya jobbet. Första dagen på en lång resa. Jag känner igen känslan i magen, upprymdhet samsas med ett koncentrerat allvar. Fötter ska sättas ner varsamt på marken och tungan hållas rätt i munnen. För det är mycket av det som nu följer som jag inte har koll på. Än.

På en loppis har jag spårat upp en gammeldags kaffekanna att koka vatten i och i brist på en sån där klassisk filterhållare i vitt porslin har jag hittat en i plast som får duga. Det tar en jäkla tid att få fart på brasan. Veden är kall och så här tidigt på morgonen är det fortfarande fuktigt på marken. Jag har gjort en eldplats med stora stenar i en cirkel på grusplanen utanför det stora huset. Det är bara jag och hunden här. Andy är på jobbet och ingen från byns övriga hus syns till. Jag är en liten tomte som slagit läger i närheten av människorna.

När jag efter mycket om och men har fått till den glödbädd som ska värma kaffevattnet och lagt ett raster över glöden inser jag att jag nog måste börja göra lunch. Jag skippar kaffet, hämtar en gryta och ställer den på rastret istället, plockar fram grönsaker, potatis, kryddor och ärter från de egna odlingarna, hackar ner en köpt lök. Det tar skrattretande lång tid innan vattnet börjar koka men så småningom är maten klar.

Det här med vedeldning - frigörs inte koldioxid när man eldar ved, tänker du. Jo det gör det ju men eftersom mängden koldioxid som avges när trä eldas upp är samma som den som avges ifall trädet skulle ligga och multna i skogen, räknas vedeldning (enligt Naturvårdsverket) som klimatneutral. Läget här ute på landet betyder en hel del självdöda och stormfällda träd att ta hand om. (Efter att man kollat med markägaren, ska tilläggas.) Snackar vi köpt importerad ved blir det förstås något helt annat.

Efter att ha ägnat flera timmar åt att tillreda dagens första måltid, pallar jag inte att få liv i elden igen för att värma diskvatten. Istället går hunden och jag ut i skogen efter maten.

Så riktigt ute på vischan bor vi att det finns inte bara en utan flera skogar i vår omedelbara närhet. Det är dessutom bara vi som går här, vilket gör att hunden kan springa lös. I nio fall av tio kommer hon när vi ropar på henne. (Åtminstone om vi ropar *morot* eftersom det är det bästa hon vet.)

När jag var liten hade vår familj ett sommarställe i Uppland, en röd timrad stuga med vedbod och utedass. Stora delar av tiden på landet tillbringade jag i naturen. Det vore överspänt att påstå att jag "Ronja Rövardotter-levde" i skogen men jag gav mig i alla fall ut ensam i timmar, lekte och återvände inte hem förrän jag blivit väldigt hungrig. Det fanns en slags barnslig kontakt mig och skogen emellan som liksom rycktes bort när barndomen var över.

Efter det har naturen mer fungerat som en snygg kuliss i mitt liv. Jag har sprungit i skogen, vandrat, fotograferat. Varit på besök utan att vara en del av den. Under året i projektet vill jag försöka hitta tillbaka till det som mitt barn-jag hade. Jag tänker att återerövringen av den kontakten är en del i förenklingen jag jobbar på. Människan är av uppfattningen att hon äger naturen. En uppfattning som förstås utgör själva roten till klimatkrisen.

Hunden och jag går genom lingonris och ormbunkar. Vi bestiger ett litet berg med utsikt över bygden. Slår oss ner i ett hav av ljung. Min nyfunna 1800-talspersona (som tycks konstant fokuserad på att skaffa föda) lägger märke till att skogen är full av svamp. Jag fotograferar några som ser schyssta ut och skickar bilderna till kontakten *Mormor*. Hon är inte min riktiga mormor (utan barnens) men svamp kan hon.

Ja jag har en smartphone. Den har fått följa med på tidsresan men kommer så långt det är möjligt att laddas med solcellsladdare. Jag har bestämt mig för att begränsa min skärmtid. Max en timme om dagen är nya regeln. Begränsad skärmtid, är jag elva år? Att plötsligt ha förvandlats till sin egen överstränga förälder är onekligen lite skruvat. Eftersom jag är av en, delvis, rebellisk natur undrar jag hur den strikta lagstiftningen kommer att påverka mig över tid. Kommer jag att göra uppror mot min egen enväldsmakt? Det återstår att se. Än så länge är det bara dag 1 och inga tecken på uppstudsighet i sikte.

På svampfrågan kommer svaret att om svampen är en sopp kan man lukta och smaka sig fram för att veta om den är okej. Hmm... om svampen är en sopp? Jag återvänder hem med en stor mängd blåbär och lika mycket lingon men ingen svamp. I kaffebryggaren inne i Andys hus hittar jag resterna av gårdagens kaffe. Det smakar himmelskt, även om det är kallt. Jag gör klart en ny odlingsbädd och skördar bönor för att lägga på tork. Hög musik i lurarna förstärker upprymdheten som studsar omkring i bröstkorgen. Det är på riktigt nu. Jag gör verkligen det här!

> *Dag 1. Instagram.*
> *Känns lite som att jag är lajvare medan alla omkring mig lever i den riktiga världen.*

Nu springer jag ju alltså inte omkring i traditionell 1800-talsoutfit utan i luvtröja och jeans. Ändå är det lätt hänt att tänka statist på Skansen där jag för andra gången i dag står och rör i min gjutjärnsgryta över lägerelden. Sonen kommer gående över gårdsplanen och i luftrummet omkring honom florerar 2020-talet. Det har börjat regna och vi går in i Andys hus. Efter att ha sett sig omkring i hallen kör sonen i gång robotdammsugaren. *Jag har sopat*, säger jag. *Det syns inte*, säger han. Han tänder lampor som jag smyger efter och släcker.

Jag fattar att jag kommer att vara en utmaning för min omgivning under de närmaste tolv månaderna. Kulturkrockar är garanterat att vänta. Medan jag är ute och tidsreser, lever folk omkring mig kvar i 2021 års tideräkning. Hur mycket kommer de att störa sig på min fundamentalism? Hur mycket kommer jag att störa mig på dem? Eller blir det mest komiskt alltihop?

På kvällen dyker en trogen supporter upp med bubbel och kantareller. Hon har följt vår uppstart under våren och sommaren och vill fira att projektet äntligen är i gång. Medan regnet öser ner utanför fönstret grillar vi kantarelltoasts i öppna spisen. Även Andy ansluter och det blir en liten kick-off för livsstilsexperimentet.

Dag 2

Efter en kylig natt i husvagnen vaknar jag tidigt. Solen skiner och jag gör upp eld på gårdsplanen. Det går lite snabbare i dag och jag ger mig på två kaffeförsök. Första försöket - fisljummet och för starkt. Andra försöket - fisljummet och för svagt. Well well, en dag inom överskådlig framtid kommer jag, kaffebryggare förutan, lyckas tillreda det perfekta kaffet.

Jag slår mig ner med en mugg av den halvdana drycken i solen, suger på den frihet som kommer med att inte ha ett lönearbete.

Det är märkligt det där, att ifall chef och givna arbetstider saknas, kan man jobba oavbrutet utan att riktigt uppleva att man har ett arbete. Men jag är ju lantbrukare nu. Byggnadsarbetarare typ. Journalist. Tre nya yrkesroller för vilka jag helt saknar utbildning. Lycka till med det du, jag själv!

När kaffet är uppdrucket och hunden promenerad hugger jag ved. Jag grejar vidare med odlingsbäddarna. Jag klättrar upp i plommonträden, ett i taget, plockar ner vartenda plommon, fyller en stor korg och två papperskassar. All slajmig fallfrukt dumpar jag i komposten. Det blir två skottkärror. Eftersom jag glömmer bort att matlagning numera är en flertimmarsaktivitet blir det sen lunch. Jag kokar potatis och grönsaker från landen och äter med kidneybönor från affären. Till potatisen blir det smör, även om smör inte är något jag har tänkt att jag ska äta under det här året.

Så vad har jag tänkt att jag ska äta? I första hand mat som jag odlat eller plockat själv förstås. (Eller fiskat/skjutit, tänker du, men nope. Här kör vi vego. Det är sen gammalt.) Skörden från denna vår första odlingssäsong kommer dock att behöva kompletteras på den lokala Coopbutiken. Jag tänker att maten som handlas där ska vara enkel. Inga halvfabrikat. Inget onödigt. (Nej, kaffe är inte onödigt.) Maten ska i möjligaste mån inte ha rest hit med flygplan. Den ska inte befinna sig i en plastförpackning. Mjölkprodukter är okej när de har märkts med kort datum och måste "räddas". (I en liten landsortsbutik som vår är detta inte helt ovanligt.)

På eftermiddagen sågar jag plankor till utedasset. Virket är begagnat och garnerat med en och annan rostig spik. Så här års är det ingen utmaning att bojkotta vattentoan. Det lär bli tuffare när minusgraderna smyger sig på. Vi har byggt enklast möjliga anordning i ett av förrådsskjulen. Den nödige får samsas med en gräsklippare, travar av bildäck, verktyg, krattor och stora rullar med stålnät. Mysfaktorn är med andra ord ett utvecklingsområde. Min målbild är ett rum med gardiner, någon charmig tavla och en hög med tidningar. Det är därför jag nu sågar plankor till en innervägg.

Träslöjd är ju pretty much vad jag kommer att ägna mig åt ett tag framöver och just att manövrera en fogsvans behärskar jag faktiskt rätt väl. Belåtet kan jag konstatera att jag fått till samtliga kapsnitt perfekt raka. Men när jag jämför brädorna sinsemellan visar det sig att de har olika längd. Jag har mätt fel. En smygande frustration ger sig till känna. Andy hade förstås satt det på första försöket. Men nu är jag inte Andy och jag är inte heller något litet fruntimmer som måste be en man om hjälp så snart något ska byggas. Eller är jag det?

Gradvis rinner entusiasmen av mig och det spelar liksom ingen roll hur mycket solen skiner och fåglarna kvittrar. Vad är det här för ett idiotiskt experiment egentligen? Jag känner mig irriterad. Jag känner mig inkompetent. Jag känner mig ensam. Andy och jag har gjort detta ihop fram till nu. Hela våren och sommaren har vi stretat på tillsammans. Men här står jag solo med mina felmätningar. Det finns ingen som kan lägga en hand på min axel och säga: *Hallå, det är ett utedass. Lite diff i brädernas längd spelar ingen roll.*

Plötsligt raddas alla vardagar upp framför mig, vardagar när Andy har ett vanligt jobb att gå till och jag inte har det. Det här borde jag ha kunnat förutse. Jag borde ha letat upp en liten flock, andra knasbollar som vill förändra världen på just det här sättet, slagit mig samman, byggt vidare på ett av andra redan etablerat 1800-talsfundament.

Mängden arbete som är kvar innan jag har en vettig plattform känns med ens överväldigande. Tanken var att jag skulle resa tillbaka till 1800-talet, men med eldplatsen som det centrala navet i tillvaron har jag snarare hamnat på medeltiden. Stugan är ett skelett. Det kommer att ta månader innan jag kan flytta dit. *Hjälp, jag har ångrat mig! Jag vill inte göra det här längre!*

Okej, det är dag 2 och jag har redan börjat trilskas. I den insikten känner jag mig barnslig. De kalla nätterna i husvagnen har bjudit på taskigt med sovtimmar och kanske kan somligt förklaras med trötthet. Ändå borde jag väl hålla lite längre innan jag går in i projektets första psykbryt? Som den HSP-typ jag är hade jag förstås aldrig överlevt Big Brother. Mitt eget reality-experiment saknar kamerabevakning. Det saknar ett filmteam som vinklar vad jag gör och säger. Här är det jag själv som har satt upp spelreglerna. Jag kan kliva av när jag vill. Ändå står jag här och hulkar.

Dag 3

Dagen därpå ondgör jag mig på Instagram:

Dag 3. Instagram.
Jag fattade ju att jag skulle möta mig själv i det här experimentet. Men jag hade kanske inte förväntat mig att bryta ihop efter 2 dagar. I går kväll sög det ordentligt

*alltsammans. Jag frågade mig vad jag håller på med. Och
varför! Nu är det dag tre. Jag väljer att vara transparent
här men har inga planer på att ge upp.*

Jag får pepptalk och ber om ursäkt:

*Dag 3. Kväll. Instagram.
Alltså, inte meningen att bli "poor me" i förra inlägget.
(Död geting och allt...) Inget håvande med håven. I brought
this on myself och såklart jag ska ro det i land! Tack för
all pepp och kärlek. Det börjar redan ljusna vid
horisonten. Snart är jag käck och äppelkindad igen!*

Efter hand elimineras gårdagens bakslag och dag 3 blir en bra
dag. På förmiddagen gör hunden och jag en längre skogsutflykt
och hittar gula kantareller. (Nej, jag behöver inte rådfråga
mormor för att veta att det är kantareller.) När kaffet är klart
sätter jag mig och skriver i husvagnen. Det är för hand jag
skriver, lösryckta anteckningar i dagboksform. Till lunch blir det
stekta kantareller till den vid det här laget välbekanta menyn
potatis, grönsaker och ärter. Svampen steker jag på en stekhäll

med ben. Muurikka heter den, en finsk uppfinning som Andy köpte för ett antal år sedan i en friluftsbutik i stan.

Jag skördar rotsellerin som visar sitt rätta ansikte och inte alls är rotselleri utan något slags välvuxet ogräs. Broccolin däremot är mycket riktigt broccoli. Jag tar halva skörden, skär i bitar och kokar de där 3 minuterna som tydligen behövs för att smaken ska stanna kvar. Innan jag lägger in lådorna i frysen tvekar jag, för frysen går dåligt ihop med tanken på att leva offgrid. (I ett senare skede kommer jag att ha mer koll på hur grönsaker kan överleva utan någon elektricitet inblandad.)

Framåt eftermiddagen kommer ett par kompisar förbi. De säger saker som *Wow vad långt ni har kommit!* och *Det här blir ju jättefint!,* vilket förstås är just vad jag behöver höra. Med tanke på allt arbete som fortfarande ligger framför oss är det bra att påminnas om allt arbete som faktiskt ligger bakom oss. *Rom byggdes inte på en dag,* som det heter. Och *det som inte dödar, det härdar,* som det också heter.

Människor ska inte underskattas. Jag må vara introvert men jag är också ett utpräglat flockdjur. Min familj och mina vänner betyder allt för mig. (Det där lät som en klyscha, men är verkligen sant. Vad skulle jag göra om jag hade en månad kvar att leva? Inte skulle jag hoppa bungyjump eller bestiga Kilimanjaro. Jag skulle hänga med mina människor. Prata. Kramas.) Att sitta här vid elden och ta emot mina vänners input på det som vi håller på att bygga upp, det gör mig taggad igen. Projektet är ju coolt. Det kommer att bli bra. En bok ska skrivas. Bring it on bara!

Dag 4

Dag 4. Instagram.
Om man bara spelar tillräckligt mycket hårdrock för sina grönsaker tenderar de att anta monstruös storlek.

Det är helg och vi är båda två igen. Andy bygger på stugan medan jag ikläder mig husmorsrollen och gör plommonsylt. Plommonpaj. Plommon inlagda i vin. Torkade plommonskivor. Vid tio kör vi personalmöte. Jag knäcker kaffekoden. Det är enkel matematik så jag förstår inte varför jag inte fick till det direkt. (För varje mått kaffepulver i filtret ska 1 deciliter vatten tillföras. 8 mått kaffe plus 8 deciliter vatten är lika med 4 Muminkoppar kaffe.) En checklista präntas ner för vad vi vill få gjort under dagen. Känslan är bra, den emotionella dippen ett minne blott.

Efter lunch går jag till Coop. Kritiskt betraktar jag de välfyllda hyllorna. Ibland höjer jag handen för att ta ner något men hejdar mig. Det jag väl plockar åt mig underkastas noggrann granskning. Jag vänder och vrider, läser på baksidor, idisslar information. Nej på mandlar – odlingarna kräver extrema mängder vatten. Nej på kokosolja – den har rest hit från Sri Lanka med flygplan. Nej på russin – jag kan göra egna av vindruvorna vi har. Nej på ris – hur det odlas genererar stora mängder växthusgaser plus hela bevattningsproblematiken på det. Det slutar med att jag lämnar butiken med en tärning jäst, två paket svenska havregryn och 24 ekologiska ägg.

Andy pausar från stugbygget och vi går ett par timmar i skogen. Solen strilar in mellan trädstammarna och lägger sitt skimrande täcke över mossan. Vi säger hej till en kullfallen trästock försedd med ansikte. Hunden nosar upp kantareller. Hon hittar ett rådjurskelett och två högar med vildsvinsbajs. Det blir ett bad för hennes del när vi kommer hem.

På tal om bad kanske du börjar fundera på hur det står till med min egen hygien under dessa asketiska omständigheter. Hur äcklig har jag för avsikt att vara under det här året? Ska jag anamma 1800-talets måttstock och bada på jul och midsommar? Nä, det hade ju blivit lite snuskigt. Jag duschar faktiskt - men kort. Inför framtiden är vedeldad badtunna en plan.

På kvällen sitter vi i Andys soffa i skenet av stearinljus och några större lyktor. Jag läser en bok. Andy läser en tidning. Vad då greja med mobilen eller kolla serier på Netflix? Vem skulle vara intresserad av det? Andy har pannlampa för att se bättre medan jag hänvisar till min förträffliga syn och avstår. (Man kan kisa lite så blir texten tydligare.)

Att sitta i halvmörkret och läsa böcker eller stoppa strumpor som folk gjorde förr i tiden, känns gemytligt, men in i det omoderna kvällsmyset smyger sig också viss rastlöshet. Jag saknar att kunna plocka fram telefonen och förstrött scrolla runt mellan apparna, spela något kravlöst mobilspel eller kolla morgondagens väder. Den tillåtna timmen skärmtid käkade Instagram upp före lunch. Mycket talar för att jag, likt större delen av min samtid, har blivit skärmberoende.

Jag undrar om jag med tiden ska lyckas krångla mig ur den digitala tvångströjan och överlista hjärnans belöningscenter. Jag kan inte låta bli att tänka på hur jättemycket enklare alla de här grejerna hade varit om jag på riktigt kunnat lämna 2021 och placera mig själv i en ren 1800-talskontext. Den största utmaningen kommer antagligen inte vara tidsresan i sig utan alla frestelser och flyktvägar som utgör en självklar del av mitt sammanhang.

Både jag och min omgivning kan konstatera att tidsresan gör mig kvällstrött. Det är inte ovanligt att jag går och lägger mig redan vid nio – halv tio på kvällarna. Tydligen exponeras nutidsmänniskan för 10 000 gånger mer ljus än vad folk gjorde på 1800-talet - och detta ska påverka hur vi sover. Artificiellt ljus från lampor och skärmar övertygar hjärnan om att det är dag. Även när det är natt. En hjärna som får hålla till godo med skenet från en futtig ljuslykta har med andra ord lättare att gå in i viloläge.

Dag 5

En och annan har frågat om jag inte kommer att börja fuska snart. Nej men herregud, vad tror ni om mig?! Jag är ju i full färd med att trampa upp nya stigar i min supermotiverade hjärna. I full färd med att utveckla schyssta fobier. Fobier för tända lampor och aluminiumförpackningar, fobier för flygplan och H&M-kläder.

Det är i dag, dag nummer 5, som det händer första gången. Projektets första fusk. Andy har byggt på stugan och jag har pysslat med mina vanliga saker i det som jag kallar ett lantbruk (men som alltså bara är en vanlig villaträdgård). Vi har ätit lunch och ska gå ut på hundpromenad i skogen, men först en kaffe på gårdsplanen. Även om solen skymtar fram bakom molnen har luften en tydlig höstkänsla. Jag har kompletterat snickarbyxorna med en lång stickad kofta.

Till kaffet kollar jag mejlen. Reklam från Dunken uppenbarar sig i mejlboxen och innan jag hinner hejda mig har jag klickat på länken. Likt ett skogsrå mellan träden lockar hemsidan mig vilse. Plötsligt har jag, det strikta köpförbudet till trots, beställt hem en mössa. Jag menar, jag *har* mössor redan. Många mössor. Det här ska inte hända igen, jag lovar. Inte under de kommande tolv månaderna.

Textilindustrin står för större klimatpåverkan än flyget. Bara mängden vatten som klädtillverkningen kräver är jätteproblematisk. Och så tillkommer alla de farliga kemikalierna.

Utsläppen i naturen. Slöseriet med råvaror. De sviniga arbetsförhållandena för många av arbetarna. Ja men det här vet jag ju. Egentligen. För ett par år sedan hörde jag ett uttryck som jag la bakom örat: *Våra armar har blivit så långa att vi inte vet vad våra händer gör.* Vi köper grejer som tillverkats långt utanför vårt synfält och under förutsättningar vi inte känner till. Ifall vi hade sett med egna ögon hur giftigt avfall rinner ut i vattendrag och skogsmarker eller om vi befunnit oss på fabriksgolvet bredvid utslitna sömmerskor med slavlöner, hade vi då ändå köpt de där snygga jeansen eller den där coola jackan? Knappast.

Efter hundpromenaden målar vi vindskivor. Dottern som har bosatt sig i Barcelona några månader är med på högtalartelefon. Det är lyxigt att bjudas in på ett hörn i hennes värld, få höra om vad hon har varit med om och om personer hon har lärt känna. Det märks att hon har klurat ut nya saker om livet på de här månaderna och vuxit till sig som människa sedan hon åkte hemifrån. Jag tänker på när hon var fem, kramar hennes lilla hand i min.

28 juli 2021. Instagram.
Man får en bäbis. Och så en till. Deras små naglar. De
skalliga hjässorna som doftar kärlek. Man kånkar runt,
pussar, tjatar och packar matsäck. Pussar lite till. Men så
plötsligt en dag ska en av dem resa till Barcelona. Stanna
till november. Och man blir glad förstås. Men också lite
blöt i ögonen.

På kvällen kommer kollektivet över för att sitta med mig vid elden. Det har mörknat och vi har 1800-talsknytis med egentillverkad ost och pinnbröd, stekt svamp och tomater. Det blir kvalitetssnack och känslan är att vara på rätt väg. Teet som jag gjort på torkade krusbär, mynta och svartvinbärsblad visar sig smaka... ingenting. Någon hittar en flaska vin som vi korkar upp istället.

Dag 6

Himlen är som en artistisk blyertsteckning när jag vaknar. Jag och en av mina favoritgrannar river i gång dagen med att baka bröd över elden. Vi testar en deg med jäst och en utan. Båda funkar. Jag fortsätter sedan med mina lektioner i permaodling. Pysslar med bokashin. Gör mat. Lägger kläder i blöt för att kunna tvätta i gryta över elden i morgon. Går i skogen med hunden. Ja men du fattar. 1800-talslivet rullar vidare i redan bekanta mönster.

Berättargreppet i den här boken är lite *allt ljus på mig* medan alla andra har avkodats och reducerats till "kompis", "granne", "sonen" osv. Undantaget är Andy som figurerar med både namn och karaktärsdrag. Men hunden då, borde inte hon ändå få någon slags presentation? Jo faktiskt. Vår hund är ett behagligt litet husdjur som tilldelats namnet Milou men sällan kallas just det. Som frukten av fri kärlek (en tjuvparning) har hon lite gott och blandat på sin genetiska tallrik. En del cavalier king charles, lite dvärgpudel, lite tax och en gnutta papillon.

Hur gulligulligt det än må vara att ha ett husdjur bidrar ju tyvärr även dessa med koldioxidutsläpp. Enligt experter bör både hundar och katter äta animaliskt protein. Köttindustrin is no friend of mine. Den är en stor miljöbov förstås men ekvationen blir också etiskt knepig. För att mitt djur ska leva ett lyckligt liv tvingas andra djur leva olyckliga liv i köttfabriker. Vi bestämde oss från början för att köra med insektsbaserat hundfoder istället. Fluglarver (som lever på matrester) mals till mjöl och bakas till torrfoder. Det blir minimalt koldioxidutsläpp och minimalt lidande för larverna men ändå maximalt näringsrikt för hunden. Det vi köper heter Yora men det finns förstås andra märken. (Fodret finns by the way även för katter.)

Framåt kvällskvisten kommer sonen med kompis. De slår sig ner med Andy och mig i det nedsläckta huset. *Varför sitter ni i mörkret?* frågar kompisen. *Mamma leker 1800-tal,* säger sonen. Sen pratar vi om allt annat än projektet. Vilket känns rätt skönt.

Dag 7

God morgon, dag sju! En vecka har jag befunnit mig i projektet. Bara 51 kvar. Känslan av att vara lajvare börjar avta. Vissa dagar är det lättare än andra att förhålla sig till den här klimathjältekaraktären som jag konstruerat åt mig själv. Det här är en sådan dag. Jag är taggad på premiärtvätten av kläder över elden.

Klädtvätt är ju ingen raketforskning. Jag fyller vatten i en stor gryta och tar det därifrån. Andy kom över det här kokkärlet i en småländsk antikhandel långt innan varken livsstilsexperimentet eller ens vårt första barn var påtänkt. Jag skrattade åt honom när vi träffades för att han samlade på gamla-tant-saker. Nu när jag lite oväntat har behov av just den här sortens prylar (och dessutom snart är att betrakta som en gammal tant myself) har jag slutat skratta.

Jag kör i gång min favoritlista på Spotify, häller i tvättmedel och kläder direkt i det kalla vattnet. Medan vattnet värms upp rör jag med en träslev. Det är mitt sätt att härma en tvättmaskin. Jag vet inte om det är musiken eller det meditativa rörandet med sleven, eller båda, men känslan som växer inom mig är eufori. Det känns bara så häftigt att få leva det här enkla livet. Just nu vet jag inte vad rastlöshet är.

Back to my roots är känslan. Som om ett gammalt cellminne har aktiverats. Vilket saknar all logik med tanke på att just den här uppsättningen celler knappast har varit i närheten av något bondesamhälle. Istället har den omhuldats av mjukt stoppade soffor, ergonomiska kontorsstolar, eldrivna löpband och upp-värmda inomhusmiljöer. I hela mitt liv har tvättmaskiner gjort vad jag gör nu.

Efter ett tiotal låtar tänker jag att kläderna borde vara rena. Jag tar en stor plastbalja till sköljvattnet. (Nej eller hur, plast är inte hundra, men jag tänker att det man redan har måste vara bättre än att köpa nytt, oavsett material.) Det är en sinnlig förnimmelse att skölja kläderna i det ljumna vattnet, låta dem dansa omkring mellan handflatorna. Jag antar att jag är att betrakta som mindful här, uppslukad som jag är av häret och nuet. När jag till slut vrider ur vattnet ur plaggen och lägger dem i en hög, har fingertopparna blivit svampiga.

Den gråa himlen med sina mörka moln indikerar regn, så jag hänger tvätten inne i Andys hus. Sedan blir det mat på samma eld. Jag gör vad jag kan för att multi-taska och försöker fixa minst två saker på samma eldning. Ett par dagar har det räckt med en enda brasa. Då har jag kört i gång med maten så snart kaffet blivit klart och sedan ätit samma mat till både lunch (varm) och middag (kall). Matsedeln på det här stället är ju ändå typ den samma.

Efter lunch gör jag en makeover på tallen som tar upp "halva tomten". Vi räddade den som bebis en gång när den var på väg att trilla ner från berget där den växte. Barnen tyckte att vi skulle adoptera den, så det gjorde vi. Efter det har den fått växa okontrollerat, men blir dagen till ära riktigt snygg i sin kortklippta frilla. De avsågade grenarna kapar jag till pyttebitar och lägger ut i odlingsbäddarna. Allt ska gå runt runt, det är tanken med permakultur. Ingenting ska behöva lämna "gården" som sopor utan allt ska recyklas och hitta en ny funktion.

Det börjar regna men jag viker mig inte för frestelsen att gå in. Här bangar vi inte för det obekväma. Eller ja, efter ett tag kryper jag in i husvagnen med hunden, tänder ljus och rökelse, sveper en filt omkring mig. Regnet smattrar mot rutan. Jag skriver för hand i min gröna anteckningsbok och njuter av det enorma privilegiet att ha tak över huvudet. Tacksamhet skulle kunna vara nyckelordet här. Jag är tacksam över att kunna göra det här experimentet. Över att ha tillgång till tiden. Till en schysst plattform. Jag är tacksam över att kunna överleva ett helt år utan ett lönearbete.

Till middag gör jag en grymt god kikärtsgryta. På grund av regnet (och i brist på stuga med vedspis) fuskar jag med elspis i stora huset. Efter en vecka med matlagning över elden infinner sig en stark wow-känsla och därtill ett *Nej men inte ska väl jag?* Och nej, det ska jag ju inte.

Vecka 2

Alla snackar om trattisar. Jag vill inte vara sämre utan går ut och kikar efter denna bruna kantarell. Nöjd återvänder jag hem med en sju – åtta stycken. *Det är trattisar, va?* frågar jag min svampkunniga granne som kommer och hälsar på. *Näe*, svarar hon med någonting ängsligt i blicken. *Det är toppig giftspindling.* Ett par dagar senare går vi tillsammans ut i skogen. *Det här är trattisar,* säger hon och pekar på en hop bruna svampar. *Oj då,* säger jag dumt. (Toppig giftspindling är, för den som inte vet, en av Sveriges farligaste giftsvampar.)

Septembervädret är rätt bjussigt med sol och enstaka regnskurar. Nattetid snålas det dock med plusgrader. Jag grejar vidare med mina bondesysslor. Eldar på gårdsplanen. Stockholmsvänner kommer ut och hälsar på och jag umgås med människor från byn. Mitt svampkunnande växer. Vi plockar galna mängder kantareller, både gula och trattisar, blek taggsvamp och några bläcksvampar. Varje ledig yta i Andys hus är snart täckt av svamp på tork. På söndagskvällen kommer kollektivet över för snack vid elden.

Jag fotograferar, filmar och postar på Instagram. Att skriva på sociala medier är en konstform som jag försöker utveckla. Hur vi läser och tar till oss information verkar ha förändrats de senaste åren. Generellt tycks vi föredra korta och koncisa texter där vi snabbt får koll på huvuddragen, framför de längre och mer problematiserande. Fyra – fem rader har man på sig på Instagram. Längre än så orkar få läsa. Snuttifierad kommunikation ställer krav på att kunna komprimera. Och på att veta vad man vill ha sagt. Ibland har jag ingenting alls att säga. Det finns dagar när jag har särskilt svårt med exponeringen och känslan av att stå naken på torget kommer över mig.

Jag minns när Facebook kom. Det borde ha varit 2008 som jag gick med. Även om jag inte ens la upp något i början var det en svindlande, underlig och ångestframkallande känsla att befinna sig i ett digitalt rum där "vem som helst" kunde titta in. Sedan kom tillvänjningen. Den har vi ju kollektivt tagit oss igenom. Bildlösa statusuppdateringar gick över i selfies som gick över i videos. Facebook har fått sällskap av Instagram. Twitter. TikTok. Jag har valt att engagera mig i Instagram och skippa de andra plattformarna. (Eller ja, jag har en styvmoderligt behandlad författasida på Facebook också. Med en handfull tappra följare.)

Dag 12. Instagram.
Det här att ha en frisyr. Behöver man det? Vilka
alternativ finns för en miljöfundamentalist such as
myself?
1) TROLL. Låta håret hitta sina egna vägar. Göra
ingenting. (Med lite tur blir det dreads efter ett tag.)
2) BUDDHISTMUNK. Raka huvudet.
3) MÖSSTRICKET. Gömma icke-frisyren i en stor mössa.

Hur minimalt får en människa bry sig om sitt utseende? Produkter som ska snygga till oss är ju sällan jättebra för miljön. Rester från hårfärg, krämer och deodoranter letar sig ut i naturen och käkas upp av djur i alla storlekar. Även förpackningarna är ju tillverkade av hopplösa material. Så vad göra? Omgivningen förväntar sig ändå att jag tar någorlunda hand om mitt yttre. De vill se att det är mig de möter och inte en grottmänniska.

Från hälsokosten har jag skaffat en gigantisk beige tvål. Jag gör egen deo av bikarbonat och kokosolja. Samma kokosolja som jag alltså bestämt mig för att bojkotta eftersom den har flugits hit från Asien. Här har du min vardag i ett nötskal - när jag försöker parera den ena klimatförsyndelsen står jag genast inför nästa.

Det sägs att håret börjar rengöra sig själv om vi helt slutar att tvätta det. Jag undrar hur länge det skulle dröja innan mitt hår har självtvättat sig, fast väljer att inte testa. Egentligen behöver jag inget hår. Jag skulle helt enkelt kunna raka av det. Många ser coola ut med rakad skalle, inte bara unga människor utan även folk i min egen ålder. Men tänk om det skulle visa sig att jag har en knasig huvudform? När detta väl har uppdagats skulle det ju liksom vara för sent. Min fåfänga är naturligtvis att betrakta som patetisk när det nu finns en planet att rädda här.

På nätet hävdar någon att schampo kan tillverkas av äppelcidervinäger och bikarbonat blandat med vatten. Jag bestämmer mig för att testa. Så här går det till: Du tar två skålar och fyller med en halv liter ljummet vatten i varje. I den ena skålen rör du ner 1 matsked bikarbonat, i den andra 1 matsked äppelcidervinäger. Gnugga in bikarbonatblandningen i hårbotten och låt den verka i några sekunder. Skölj sedan håret med den utspädda äppelcidervinägern och därefter med rent vatten. Simsalabim - håret blir rent! (Det blir faktiskt det.)

Vecka 3

Husbygget framskrider. Med gemensamma krafter och en smått livshotande balansakt på stegar lyckas Andy och jag till slut få stugans sju takstolar på plats. Sedan krälar Andy omkring på det som ska bli tak, spikar dit planka efter planka i en evighetsloop. Efter att solen gått ner blir det pannlampa. Det är inte ovanligt att han spikar till mitt i natten (eller tills grannarna tycker att det är lite dags att lägga av).

Jag målar fasadvirke med Falu Rödfärg (den ljusare nyansen av de två). Tanken på att stugan så småningom ska vara klar, ha väggar, dörr och tak, vedspis och matbord, känns som en ouppnåelig dröm. *När kan jag flytta in tror du?* frågar jag Andy. *Knappast före årsskiftet,* svarar han. Jag tänker på husvagnen. På papperskassarna med mina kläder och ägodelar. På den annalkande vintern. Jag tänker på två och en halv månad till av självpåtagen hemlöshet.

Mer än vanligt slungas jag mellan glädje och förtvivlan. Projektet gör mig sårbar på ett sätt som mitt vanliga trygga nutidsliv delvis skyddar mig ifrån. Det är nog främst det här med att befinna sig konstant outside the box. Allting, vartenda moment, varje litet vardagsbeslut och lösning är ju helt annorlunda. Mitt tålamod testas och rastlösheten bråkar med mig. Men jag märker också att det väcker lyckokänslor att vara utan något som man behöver och sedan få det.

Mina tankar går till resor jag gjort ute i världen. Att sitta intryckt mellan en säck kokosnötter, några rostiga burar med höns och en svettig barnfamilj längst bak på ett skumpigt bussgolv i nio timmar. Och att sedan äntligen få kliva av bussen, hitta en tallrik med mat och en dusch. Lite den känslan.

Det är sällan vi nutidsmänniskor behöver vara utan. (Och nu tänker jag på nutidsmänniskor i vår del av världen.) Gräv fram en Billys panpizza ur frysen och kör den 2 minuter i mikron.

Voila - en varm måltid. Den som är uttråkad lirkar upp sin smartphone ur fickan och omedelbart får hjärnan något att uppehålla sig vid. Utan genvägar och distraktioner är det lätt hänt att man tvingas möta sig själv.

Dag 30. Instagram.
Några enstaka vindruvor kan ta livet av en hund.
Alternativt - om man har tur - framkalla ett 24 timmars kräksmarathon. Det lärde vi oss the hard way.

I pergolan hänger klasar med gröna och röda vindruvor, hur många som helst. Druvorna är små i storleken. Till skillnad från de jag tidigare brukade köpa i affären har de här kärnor. Min plan var ju att göra russin men jag kan inte gärna skära upp varje liten druva och pilla ut kärnorna innan jag lägger dem på tork. Det får bli saft istället. Jag plockar fyra stora grytor fulla, men druvklasarna är så många att det knappt syns att jag tagit något. Istället för att krångla till det kokar jag druvorna tillsammans med socker i någon kvart och silar sedan bort skalen. Det blir ett tiotal flaskor.

I vanlig ordning hakar hunden på. Hon följer mig i varje steg jag tar och lyckas komma över ett antal druvor från marken. Innan vi skaffade henne läste vi på och jag har full koll på att choklad och lök är farligt för hundar, men att vindruvor skulle vara minst lika livshotande, det har fallit bort ur minnet. Först händer ingenting. Men efter ett par timmar börjar hon spy. Den lilla kroppen skälver och krampar. Jag googlar. En hundperson i den här storleken behöver inte många vindruvor för att falla död ner. Hjälp, vad har jag gjort?

Veterinären säger på telefon att det är positivt att hon kräks. Alla hundar gör inte det och man måste åka in för magpumpning. Milou avgiftar sig själv. Hon spyr sig igenom kvällen, natten och större delen av nästa dag. Till slut är det bara ett vitt skum som kommer ur henne. Allt detta på grund av max fem druvor i pytteformat...

Vecka 4

Inspirerad av experimentet har även Andy bestämt sig för att ta ett år off. Från och med mitten av oktober kommer vi att vara tillsammans på heltid. Det är nästan för bra för att vara sant. Här snackar vi dream team. Vi snackar Tintin och Kapten

Haddock. Tommy och Annika. Samir och Viktor. Vi snackar Courtney Love och Kurt Cobain. Nu räknar jag dagarna. Jag smider planer. Jag dansar och bakar blåbärspaj.

När folk kommer och hälsar på lägger jag märke till att i det som är ett vanligt häng med kompisar också finns inslag av studiebesök. Så blir det ju lätt när man väljer att laga maten över öppen eld, omger sig med odlingsbäddar som ser ut som vikingagravar samt hänvisar den kissnödige till ett halvläskigt utedass. Husbygget blir förstås föremål för inspektion och Andy får all den cred han förtjänar.

Jag skulle säga att huvuddelen av min bekantskapskrets är supportrar av projektet, men det finns också skeptiker. Det finns dem som tycker att det jag gör är en smula enerverande. Även jag kan ju sucka när någon i min omgivning är för pretentiös. För politiskt korrekt. För präktig. När vi hade bokat en resa till Kambodja för ett par år sedan sa en kompis: *Så du är okej med att flyga trots klimatkrisen?*. Jag rynkade pannan och muttrade att den som avstått ifrån att äta kött i över 30 år ska väl ändå kunna flyga utan att behöva be om ursäkt.

Sedan drog vi till Kambodja. Någon hade packat ner Malena Ernmans bok *Scener ur hjärtat*. Det var inte just kommentaren från min kompis eller boken om hur Greta Thunberg blev *Greta Thunberg*. Det var en rad grejer. Men efter en månad i Kambodja sa jag till mig själv: *Det här blir min sista flygresa. Någonsin.* Jag antar att det är en fråga om tajming. Det var liksom bara dags. Jag har vänner som säger att de egentligen skiter i klimatfrågan. De gör bedömningen att det antagligen redan är kört och att det är bättre att leva det liv man har fullt ut än att offra en massa livskvalitet till ingen nytta. Jag har vänner som säger att det är politikernas sak att göra förändringarna, att det inte ligger på oss. Kanske kommer deras tänk att ändras, utifrån en rad input i deras liv framöver, kanske inte.

Oktober

Det börjar bli kallt. Andy köper fågelmat, både frön och talgbollar. Han bygger två fågelbord som han dagligen fyller på med käk. Först ut är småfåglarna - talgoxar, koltrastar och blåmesar. Efter ett tag ansluter ett par hackspettar, en hane och en hona eller om det är ett gaypar. När det gäller fåglarnas bordsskick finns mer att önska. Stora delar av maten hamnar på marken under fågelborden. Vad som sedan händer med den ska vi fatta först framåt vårkanten.

Emellanåt åker jag in till stan. Buss och lokaltåg, pendel och någon sträcka med tunnelbana brukar ta mig dit på under två timmar. Det är en skön känsla att ta på sig kängorna och den svarta rocken och bege sig till civilisationen. Få vara sitt vanliga själv igen. Slå sig ner på något mysigt fik. Strosa omkring i Gamla stan. Det är fint att befinna sig i en kontext där jag inte behöver uppfinna hjulet hela tiden.

Dag 39. Instagram.
Närmar mig nu 7 odlingsbäddar i varierande form och storlek. Tidningspappret är slut så jag har börjat ta gamla plugganteckningar från socionomprogrammet, sparade uppsatser, tentor. Grönsakerna som växer här kommer ha stenkoll på anknytningsmönster, KASAM och lågaffektivt bemötande.

Recept odlingsbädd enligt permakultur:
1) Själva gräsmattan / underlaget. 2) Tidningspapper. 3) Kvistar. Gödsel. Halvgeggig kompost. Gräsklipp. 4) Löv / halm
Över tid bryter mikroorganismer ner materialet till jord.

Det där att äta det man själv har odlat. Eller hittat i skogen. Eller plockat längs vägkanten. Jag tycker att det gör något med mig. Antagligen är det värdigheten i att klara sig (någorlunda) själv som kickar in. Och den malliga känslan att faktiskt få till det man har föresatt sig. Vi kör vidare med den opretentiösa kosthållningen. Det blir mycket rotfrukter, ärter och svamp. Ibland bakar jag bröd eller gör äppelpaj. Jag googlar fram ett recept på syrade grönsaker. Det är ju inte alls så krångligt som jag fått för mig och onekligen ett överlägset sätt att bevara maten. Jag syrar burk efter burk och även om en och annan möglar efter en tid blir de flesta himla goda.

Varje söndag vid sjusnåret dyker kollektivet upp på traditionsenligt häng kring elden. Jag spånar på en inflyttningsfest framåt vårkanten. Vi bygger en jordbank. Egentligen är det väl en lövkompost helt enkelt, men jag gillar att kalla den för jordbank. Jag har börjat sticka på en halsduk av gammalt garn som blev kvar efter hundmössan jag tillverkade när Milou var liten. (Jag föreställde mig att hon skulle uppskatta att slippa frysa om huvudet men har sällan sett en så förödmjukad uppsyn som hennes när mössan väl var på plats.) Taket på stugan är klart och Andy håller på med första lagret vägg. Eftersom han nu klivit av sitt vanliga jobb kan han ägna sig på heltid åt bygget.

Tänk om jag hade vetat den där gången för hundra år sedan, när jag spanade in honom på en bar på andra sidan jorden. Tänk om jag hade vetat då att jag ska stå här i dag och se honom bygga ett hus till mig. Den låg precis vid stranden, baren. Vi satt barfota i den ljumna kvällen, jag och killen jag reste med, sand mellan tårna och rester av saltvatten i håret. Alan Parkers *The Wall* visades på en storbildsskärm och det var mycket folk i rörelse. Förmodligen drack vi öl och där var han, en av fyra blonda killar som stack ut i mängden.

Redan i Australien träffade vi några andra backpackers som sa att när vi kom till Asien sedan var det en ö som vi bara måste åka till. Ett bungalowställe. En djungelbar. Vi skrev ner vad de sa till oss. När vi väl hittade dit var det bara någon ynka dag tills Andy skulle dra vidare. Någon ynka dag för våra liv att hinna synkroniseras. Men det räckte.

> *Dag 55. Instagram.*
> *Någon som har hört uttrycket Carpe diem? Så jäkla bra.*
> *Latin sägs det. Dagen liksom. Att fånga den.*

Jag har en förkärlek för klichéer. Eller rättare sagt en förkärlek för att driva med klichéer. En gång var ju det som i dag är en kliché någonting fräscht och tänkvärt. Som Carpe Diem. Robin Williams rollfigur i filmen Döda poeters sällskap var en livsbejakande rebell på stiff privatskola i 1950-talets USA. Han uppmanade sina elever att släppa konventionen och fånga dagen. Carpe diem i den kontexten var punk. Carpe diem nu för tiden – not so much.

Parallellt med att håna Carpe Diem gör jag numera allt jag kan för att leva efter budskapet. Med färre distraktioner att fly till är det inte så mycket mer än dagen kvar att uppehålla sig vid.

November

Dag 66. Instagram.
"Less is more" är ytterligare en skön kliché som piggar upp i höstmörkret. Jag gjorde en lista över grejer som roade mig FÖRE det här projektet och grejer som roar mig nu. (Och ja, jag raljerar lite...)

FÖRE: Musikfestivaler. Rockkonserter. Roadtrips. NU: Fotografering av mossiga stenar. Svampplockning i

duggregn. Odling av färgglada pumpor. FÖRE:
Backpacka ute i världen. NU: Ta lokalbussen till
Södertälje.

Månad tre är här. Temperaturen har sjunkit ytterligare och jag befinner mig konstant inuti min mössa. Andy har kommit över gamla fönster som vi renoverar och målar. Stugan iklädes röda fasadplank. Vi kommer i kontakt med en förtjusande människa som skänker bort en större mängd träflis. Fliset strör vi ut i gångarna mellan odlingsbäddarna och det syr liksom ihop hela permaträdgården. Jag är med på ett webbinar om solceller. Att förvandla solens strålar till elektricitet är ju sjukt smart. Men det gäller tydligen att noga kolla upp vem som tillverkat panelerna. Även svenska leverantörer kan sälja utrustning tillverkad av kinesiska slavar. Spanien och Tyskland nämns som bra tillverkningsländer.

Dag 72. Instagram.
Jag gissar att jag kan uppfattas som naiv. Istället för att
engagera mig politiskt, manövrera the big picture och
bjuda på avancerade analyser i klimatfrågan blir jag
någon slags lajvare i min egen 1800-talsfantasi. Men det
naiva är ett aktivt val jag gjort. Jag måste GÖRA. Det är

så jag funkar. När jag djupdyker i dystopisk fakta tenderar jag att gå vilse i mig själv.

Livsstilsexperimentet handlar om att jag ska sänka mitt ekologiska fotavtryck men det handlar också om att se vad som händer med mig som människa när jag gör det. Kommer jag att bli galen, förvandlas till en vätte eller uppnå den inre frid och eviga ungdom som vi nutidsmänniskor så desperat trånar efter? Tre månader in kan jag konstatera att projektet fyller på mig med glädje. Det är schysst att så fullt ut få regissera sitt eget liv, utan att behöva underkasta sig arbetsgivare och samhälleliga normer. Jag är faktiskt stolt över mig själv att jag gör det här. Samtidigt härjar projektet (som jag varit inne på) en del med mig psykiskt.

I vanliga fall skriver jag romaner och jobbar med socialt arbete. Det finns många som är bättre författare än jag, många som är skickligare socionomer, men jag är tillräckligt bra för att känna mig kapabel. Jag har varit mentor åt nyanställda på kontoret och jag har hjälpt vänner att komma vidare med sina romanmanus. När jag gick in i projektet lämnade jag mina vanliga plattformar för att kliva på nya. Jag fattade nog inte hur mycket jag skulle påverkas av att hela tiden befinna mig utanför det jag är bra på.

Känslan av oduglighet påverkar mig liksom min självpåtagna hemlöshet. Att inte ha en plats som är min egen är en överraskande stor utmaning. Jag har sedan länge lämnat husvagnens fuktiga innanmäte och kyliga nätter och bosatt mig i Andys villa. Vilket i sig skaver eftersom jag inte gillar att vika av från planen. I flera månader nu har jag varit hemlös slash inneboende. Det är inte som att jag "boar in mig" i huset. Istället lever jag med mina ägodelar i två högar – en hög av flyttkartonger på hallen och en hög med kläder i badrummet. (Jag ska ju ändå "snart" flytta till stugan...)

Rotlösheten gör mig sårbar på ett sätt som jag skäms lite över. Jag menar, jag vill ju vara den där härliga typen som står över materiella behov. Istället har jag blivit som besatt av att få bygga bo. *Men hallå*, säger jag till mig själv, *du har ju inte haft några problem att bo i studentkorridor eller resa runt med ditt hem i en ryggsäck, vadan detta gnissel?* Och jag har faktiskt inga svar på det. Börjar jag, gud förbjude, bli gammal?

Alla bekymmer kan emellertid läggas åt sidan när dottern mot slutet av månaden återvänder till hemlandet efter flera månader i Barcelona. I väntan på att få tillgång till sin lägenhet bor hon någon vecka hos oss. Det är magiskt att hon är tillbaka. Vi gör långa vandringar i skogen, plockar svamp och pratar. Vi sitter vid elden, målar tillsammans och spelar spel. En kväll kommer Andy hem med pizza från det lokala gatuköket. Vi öppnar en flaska vin. (Som har rest från Chile. Jo.)

Vintern

Var hittar jag lite vanlig hederlig punkrock att spela på min vevgrammofon?

December

Jag fortsätter att laga mat över elden men det händer att jag lånar elspisen och vattenkokaren inne i huset. Det händer att jag gör kaffe i kaffebryggaren. Men det är först här, flera månader in i projektet, som det går upp för mig vilken katastrof streaming (eller strömning på ren svenska) är för klimatet. Att strömma film och musik, ja att surfa överhuvudtaget, är när det kommer till koldioxidutsläpp ett big no no. Här går jag runt och ojar mig över kaffebryggaren och de där ynka kilowatten jag norpar ur Andys eluttag för att ladda mobilen – när det i själva verket är mitt Spotifylyssnande som är den stora boven!

Utedass i minusgrader, downsizing och köpstopp – inga problem. Men jag klarar mig liksom inte utan min musik. Det gör jag inte. Så hur kommer det sig att streaming är så illa? Jo, problemet är de gigantiska servrar som behövs för att tillgodose den stora efterfrågan på film, serier och musik. De här servrarna drar enorma mängder el från tvivelaktiga energikällor (typ kol). Dygnet runt går de på fullvarv och för att inte överhettas måste de kontinuerligt kylas ner, vilket kräver ännu fler gigawatt. Flygskammen har vi redan bekantat oss med. Säg hej till streaming-skammen.

Samtidigt som jag försöker vara sann och transparent i min beskrivning av projektet, vill jag inte att fokus ska hamna enbart på utmaningarna. Vi bygger upp som en egen liten värld här. Hur coolt är inte det? Mestadels är det väldigt kul och kreativt. Stugan har fått komplett fasad och fönster. Av en kompis som röjer på sitt sommarställe tar vi över ett par vita pardörrar från sent 1800-tal som vi slipar och målar gröna. Inom kort har de förvandlats till grymt snygga ytterdörrar. Också stora mängder hö blir vårt och jag sprider ut det i tjocka lager över odlingsbäddarna.

Tobaksfröna som jag skickat efter från nätet anländer med posten. Så snart vädret tillåter ska här odlas snus. De familjemedlemmar som snusar har fått i uppdrag sedan flera månader tillbaka att spara tomma snusdosor. Det rör sig om en stor mängd plast som brukar landa i hushållssoporna och i nästa skede eldas upp i något fjärrvärmeverk. Min plan är att återanvända snusdosorna.

Trots snö och tjäle i marken pillar jag ner vitöksklyftor i pergolan. Det är tydligen så man gör, sätter vitlök i november - december. Sedan får de ligga där och gosa till sig inför nästa odlingssäsong. Det händer att jag tänker på allt extra syre som jag förser mina lungor med numera. Jag är utomhus betydligt mer än vanligt.

> *Dag 113. Kväll. Instagram.*
> *Vi var några som skålade in det extra dagsljuset här på eftermiddagen. En liten spontanceremoni vid elden.*

Och så kommer julen. På 1800-talet kunde tomten vara en liten elak jävel som inte tvekade att sätta eld på ladugården eller dränka en gris om han inte kände sig respekterad eller försågs med just den meny han önskade. De familjer som lyckades hålla tomten nöjd fick däremot framgångsrika skördar och hjälp med gårdssysslorna. På julen blev tomten särskilt girig. Då krävde han extra fjäskande och mer mat. Med tanke på att folk var fattiga och svalt var denna vidskeplighet förstås rätt opraktisk.

I vårt eget (påhittade) 1800-tal har vi valt att ignorera tomten helt. Några uppenbara bestraffningar tycker vi oss inte märka av, men vem vet - kanske vår nonchalans kommer att sätta rejäla käppar i hjulet för oss i ett senare skede. Julen firas som vanligt med tre generationer av familj. När jag tidigare föreslog att vi skulle skippa julklapparna i år tyckte alla att det lät rätt skönt.

Januari

Efter en lång radda med dagar av jul- och nyårsfirande, tilldelas vi ett nytt fräscht år vid namn 2022. Jag kliver in i månad nummer fem av klimatprojektet och vi skaffar isolering av lin. Koldioxidutsläppet för odling och tillverkning av lin-isolering är 1/40 jämfört med vanlig mineral-ull. Efter att ha varit Andys tafatta hantlangare märker jag att det här med att isolera hus, det är min grej. Geschwint sågar jag till linblocken i perfekt stora bitar och lägger i tak, väggar och golv samt pillar in lindrev i fönsterspringorna med en spackelspade.

På Blocket finns en blå (och väldigt vacker) kista från 1857 som passar perfekt i hallen bredvid de gröna dörrarna. Vi hittar den under *Bortskänkes*. När kistan är installerad fyller jag den med ved. Jag kikar efter en begagnad soffa också. På 1800-talet hade man ju knappast det som vi i dag kallar för soffa. Det var hårda träbänkar där man obekvämt kunde sitta om kvällarna och rensa sina Karljohansvampar eller slipa sin lie i skenet från fotogenlampan. Fast projektet har ju inte 1800-talstema för sakens skull. Det är ju miljögrejen jag vill åt.

Dag 144. Instagram.
Dr Martens vegan 1460 Gloss. Får jag köpa dem under rådande tillvaro med köpstopp och stränga livsregler? Nä... Vill jag ha dem? Jaaaaaa!!!

Ärligt talat fortsätter frestelserna att pocka på min uppmärksamhet. Innan projektet tänkte jag att det skulle bli noll problem med ett års köpstopp. *Jag köper ju ändå inga grejer.* Men det handlar förstås inte bara om behovet av saker utan också om själva förbudet. De där turkosa och oanständigt snygga Dr Martenkängorna - det gör fysiskt ont i mig när jag inser att de inte kommer att bli mina. (Som om det inte skulle funka lika bra med mina vanliga svarta Dr Martens.)

Dag 146. Instagram.
Gröt är jätteäckligt. Och världens bästa mat. Klimatsmart!
Utmaning: Ät det bara.

Min motvilja mot gröt har sitt ursprung way back in time. En lång rad vuxna gjorde vad de kunde för att gröt-traumatisera mig som barn. (Till mina föräldrars försvar är just de oskyldiga.) Jag minns flertalet sommarläger där jag som 9-10-årig drama queen (tårarna sprutande ur ögonen) flydde upp i skogen varje morgon för att slippa undan grötfrukosten. Det är inte bara själva smakupplevelsen jag hakar upp mig på utan också konsistensen. Havregrynsgröt tenderar att *glida* ner i halsen. Den är obehaglig, slemmig och hal.

Hur som helst, jag råkar befinna mig i ett miljöprojekt och havregrynsgröt är både klimatsmart och mättande. Dessutom är jag vuxen nu och väl medveten om att det finns människor här i världen som inte får någon mat. Alls. Så jag bestämmer mig för att kliva på en grötchallenge. På Instagram möts jag av hejarop, tips och råd. Jag testar med blåbär, med kanel, med socker, men det är först när jag minskar mängden vatten och tar mer rågflingor än havregryn som det blir ätligt. Det är inte gott, men tillräckligt stabbigt och ohalkigt för att funka. Minst ett par gånger i veckan käkar jag gröt till middag.

När isoleringen är klar spikar vi innerväggar. Trots att huset är en liten stuga på 23 kvadrat är det många plank som ska upp och många spikar som ska bankas in i varje planka. För att få mer kraft tar jag slägga istället för hammare. På kvällarna värker det i händerna. Det har gjort ont förut, när jag huggit mycket ved eller burit för tungt, men det här är en ny nivå av smärta. Jag verkar inte vara byggd för hantverk. Eller om det bara är alla år på kontor som gjort mig dåligt rustad.

Februari

Dag 160. Instagram.
Tobak får inte odlas i närheten av potatis. Potatis får inte odlas i närheten av tomater. Tomater får inte odlas i närheten av tobak. För att inte tala om paprika som inte får odlas överhuvud taget. Det här är jag i nuvarande nötskal. Jag tänker på frön, väderstreck, gödsel och placering.

Odlingssäsongen börjar närma sig och först ska ju allting sås i krukor inomhus. Sedan ska det finnas en plan för var och en utomhus. Många nya odlingsbäddar har tillkommit sedan året innan. Det hela blir mer och mer storskaligt, vilket känns kul. Vi ska odla tobaken på friland nedanför stugan. Jag beställde hem fyra olika sorter så får vi se vad som tar sig bäst. Vi ska testa majs också. Och vattenmelon. Gurka förstås. Sju sorters bönor. Och så vidare. Och så vidare.

Dag 161. Instagram.
Tröskeln är på plats. Virket (ek) är nästan 90 år gammalt och jag tänker på det övergivna gamla huset i "Dunderklumpen", plankgolvet som blir lycklig(t) när någon går på det igen. Den här plankan som är min tröskel blir förstås en riktigt lycklig planka av alla fötter och kängor och gummistövlar som kommer att kliva på den.

Huruvida en byggnad har "själ" eller inte kan man naturligtvis diskutera men de flesta upplever nog ändå att ett gammalt hus har mer prägel än ett nybyggt. Det har en historia och väggarna bär på minnen. Eftersom min stuga byggs av så mycket begagnat material får den lite karaktär av ett äldre hus, vilket känns häftigt.

Dag 165. Instagram.
Den som väntar på något gott... kan faktiskt inte vänta hur länge som helst. Så även om allt inte är klart flyttar

*jag in i morgon. Andy har byggt huset. Med assistans av
mig (i vissa moment jämförbar med en PRAO-elev från
årskurs 7). Han ska få medalj. Eller en galet stor blåbärs-
tårta.*

Äntligen äntligen (äntligen) flyttar jag in! Som jag har längtat
efter den här dagen. Spralliga uppåtkänslor trängs i mellan-
gärdet. Genom hela bygget har jag sprungit ut och in ur den här
stugan. Ändå är det nu högtidligt som jag öppnar de gröna
pardörrarna och kliver över tröskeln. I farstun möts jag av den
blåa kistan, ett par ljuslyktor och byggmaterial i travar. Golvet
är fortfarande täckt av kartong men i husvagnen ligger
trasmattorna och väntar. *Hej huset!* säger jag och lägger handen
mot hallväggen. *Nu är det du och jag!*

Här ute i farstun hänger stugans äldsta fönster, höga och
målade i ockragult. På 1800-talet satt de i en småländsk
glasveranda. Pardörrarna är från samma veranda. Efter mer än
hundra år i varsin ände av en dammig lada har de återförenats
i min stuga. På andra sidan fönsterrutan breder fält av kylig
barmark ut sig i en sömnig väntan på våren. Allén och
landsvägen drar smala linjer genom landskapet. Ibland springer
det älgar och andra vilda djur här nedanför.

Jag går vidare in i huset, rundar en bal av isolering och halvsnubblar över hörnet på ett stycke kartong. Doften från trä dominerar här inne. Mitt på golvet står ett klaffbord som följt med min familj sedan Hedenhös. På 70-talet gjorde jag kojor under det här bordet. Jag byggde lego på det, åt mellis, la pussel. Med båda skivorna nedfällda mäter det sjuttio centimeter, som gjort för compact living. Jag har samlat på mig några gamla pinnstolar som är tämligen obekväma men funkar rent estetiskt.

Rummet är ljust med fyra stora dubbelfönster. Bor man litet får man fläska på med ljusinsläpp är tanken. Egentligen är det ju fortfarande en byggarbetsplats det här, men en byggarbetsplats med hemlika inslag. Det är kallt. I taket är ett hål där skorstenen ska ut. Vi har hängt upp en stor matta i öppningen mot sovrummet i ett försök att stänga kylan ute men jag fattar ju att det kommer att bli kalla nätter tills vedspisen är på plats.

Jag viker den stora mattan åt sidan och kliver in i sovrummet. Istället för tagelmadrass och loppiga filtar har jag tagit med mig min 160-säng från Ikea in i 1800-talet. Den är från lägenheten i Stockholm. Två varma täcken och tre sovsäckar ligger redo tillsammans med några favoritkuddar. På golvet bredvid sängen står ett tiotal lyktor i olika storlekar och för fönstren har jag spikat upp tyg. Här handlar det om att inte frysa ihjäl.

Känslan är *Wow - jag har ett hem!* Fem månader har jag befunnit mig i limbo. Det har inte bara handlat om att inte ha min egna plats utan också om att vika av från det jag hade föresatt mig. Att bo i en stuga utan el var själva kärnan i projektet. När jag inte gjort det har det känts som om jag fuskat. Där jag står nu tänker jag att hela bygget, allt arbete, all väntan och all rotlöshet har blivit en del av experimentet. En bra del. Hade jag dag 1 flyttat in i en färdig bostad är det tveksamt om jag hade uppskattat det lika mycket som jag gör nu. Väntan har nog varit lite, för att använda ett svulstigt uttryck, *karaktärsdanande*.

När jag var liten gick *Lilla huset på prärien* på TV. Det var en amerikansk dramaserie som utspelade sig på 1870-talet. Jag minns ett avsnitt där en tonårskille med dystra familje- förhållanden kom för att bo hos den präktiga familjen Ingalls. Livet på landet skulle göra folk av honom. Medan de välartade döttrarna gjorde vad de förväntades var den här killen lat och uppkäftig. Men efter en tid på gården förändrades han förstås. Snart var han lika rejäl och gladlynt som resten av familjen. Sensmoralen var inte särskilt klurig - hederligt arbete och frisk luft kan förvandla också de mest hopplösa fall till reko samhällsmedborgare.

Dag 168. Instagram.
Lite som att ha brutit sig in i någons sommarstuga. Mitt i
vintern. Eller som att resa runt i bergstrakter i Mongoliet.
Det vill säga spännande och rätt kallt. Om 1-2 veckor har
jag vedspis.

Föga överraskande är första natten i stugan svinkall. Och nästa. Och nästa. Sovsäckarna kommer väl till pass liksom mössa, vantar och raggsockor. I princip är det som att sova utomhus. Men det spelar liksom ingen roll att jag vaknar med stelfrusen näsa varje morgon. Jag är så vansinnigt glad över att få bo här. Malligt visar jag upp mitt nya hem för grannar och vänner som kommer på besök. Bygget fortskrider. Det finns fortfarande hur mycket som helst att göra men det är kul grejer. Finliret. Om livet hade haft ett soundtrack skulle det just nu bestå av rakt igenom upptempolåtar.

Just som jag konstaterat att jag måste vara den lyckligaste människan på jorden kliver Ryssland in i Ukraina och hela

Europa stannar upp i gråt. Krig pågår hela tiden någonstans ute i världen men så vansinnigt verkligt det blir när det kommer nära, verkligt och på samma gång helt overkligt.

25 februari 2022. Instagram.
När jag jobbade med gatubarn i Moçambique var det krig i landet. Min närmaste kollega Emilia och ett av barnen, Adriano, blev dödade. Detta tänker jag på när det nu har blivit krig i Europa. Och jag undrar: Kan inte vi människor bara växa upp någon gång och sluta ha ihjäl varandra?

En av de sista dagarna i februari kommer vedspisen. Egentligen har vi redan en vedspis, en antik sak som Andy ropade in på aktion för ett antal år sedan, men tyvärr är den inte godkänd att installera i ett nybyggt hus. Den nya spisen är utformad i gammal stil och de flesta skulle nog gissa att den är från 1800-talet. Installationen inkluderar en del murjobb som vi får hjälp med och så är det skorstenen som ska komma ut rätt genom hålet i taket. När allthop är på plats får vi lydigt invänta kommunens inspektion innan vi kan börja elda.

Här skulle det kunna vara läge att kasta in en kommentar kring själva miljöaspekten av stugbygget. Vår tanke var aldrig att bygga ett hus där jag skulle bo enbart under projektåret utan också i framtiden. Stugan är byggd för att stå pall långt efter min livstid. Den är byggd av klimatneutralt virke, nytillverkat eller gammalt byggmaterial som tagits till vara. Vi har fått fönster och dörrar, plank och sprängsten från grannar, vänner och bekanta. Färg, isolering och linolja har vi köpt på Ekologiska byggvaruhuset. Det känns ändå som att jag ska nämna det.

Våren

En del av mig kommer i kontakt med en redovisningsambition. Den vill presentera listor med åtgärder och andra med misslyckanden. *Dessa livsmedel har inhandlats under projektåret. Dessa livsmedel har odlats/plockats. Så här många Spotifytimmar och Netflixserier har trots allt streamats.*

Mars

Andra mars kommer gubben från kommunen och godkänner vedspisen. Snabbt blir den husets hjärta. (Vedspisen alltså, inte gubben.) Matlagning och brödbak är ju en sak men spisen är också min enda värmekälla. Efter tre veckor utan värme är jag rätt taggad på att börja elda. Till en början eldar jag dygnet runt och hela tiden. Efter tre dygn är väggarna uppvärmda och jag börjar sova utan mössa. Vi kan ta ner mattan från öppningen till sovrummet.

Sprakandet från veden som brinner höjer mysfaktorn och brödet som bakas i den här ugnen smakar helt magiskt. Vi bygger en kökshörna med hyllor, skåp och arbetsbänk. Jag ställer dit tallrikar, glas och koppar, kokböcker och kryddor. I en gammal sockerlåda som min mamma kommit över på någon loppis lägger jag bestick och stekspadar. Andy köper hem kokkaffe och jag experimenterar mig fram till någonting som funkar minst lika bra som vanligt bryggkaffe. Fastän det heter *kok*kaffe är det noga med att det inte får börja koka. Istället ska temperaturen ligga strax under kokpunkten och vattnet ska bara sjuda. En bonus är förstås att sumpen som blir av kokkaffe öppnar upp för intressanta spådomar i koppens botten.

I slutet av mars kommer ett stort paket adresserat till mig. Det visar sig innehålla ett par turkosa *Dr Martens vegan 1460 Gloss* i storlek 39. Även om jag har köpstopp är Andy fri att köpa vad han vill. Han har valt att skicka efter mina drömkängor! Obeskrivlig materiell lycka sköljer över mig. De färgsprakande vegankängorna sitter som en andra hud. Jag kör igång musiken på den bärbara högtalaren och bland brädhögar och verktyg dansar jag runt som en studsboll på ecstacy. Livet liksom!

Det börjar bli dags att förodla vad som ska bli årets mat. Allt sånt här grejar vi med inne i stora huset. Efter att ha gjort en hel del baklänges förra året, har mitt odlings-jag mer koll i år. Bland annat vet jag nu att såjord ska vara fattig på näring. Först senare, när det har blivit en planta av det hela, ska man fylla på med gödning. Egentligen är det rätt lätt att komponera såjord. Den som har löv som legat och förmultnat i något år är redan i mål. Lövmull är perfekt som såjord. Vanlig jord från trädgården går också bra, men för att få bättre dränering kan man blanda upp med sand eller vermikulit, ett naturligt mineral som gjorts poröst genom upphettning och som säljs i trädgårdsbutiker.

Vi har gott om jord och överväger inte ens att köpa, men en bok som denna kräver ändå några meningar om köpt jord. Köpejord på säck från butiken är nämligen ytterligare ett observandum.

Den felande länken är torv. Nästan all jord som säljs för odling i Sverige innehåller torv. Torv är ett fossilt bränsle och när torv utvinns ur naturen orsakar det sjukt stora utsläpp av växthusgaser.

Experter basunerar ut fakta. Ändå säljs torvjorden. Jag väljer att göra ett studiebesök på Plantagen i Södertälje, frågar efter torvfri jord på säck. Den första säljaren jag pratar med har ingen aning. Nästa säljare känner till miljöproblematiken men informerar mig om att Plantagen inte saluför torvfri jord. Inte överhuvudtaget. Här sväljer jag en vulgär svordom. Må nu ingen permanent skugga falla över Plantagen. Alla kan göra om och göra rätt. Under skrivandet av den här boken kollar jag upp igen hur det förhåller sig med företagets utbud av klimatvänlig jord. Den glädjande nyheten är att de nu säljer Weibulls torvfria planteringsjord, tillverkad av 100% återvunna råvaror.

Butikskedjan Blomsterlandet ersätter torven i sin nya planteringsjord med träbaserad fibermull, en restprodukt från pappersindustrin. Bra där! Men frågan är förstås varför båda företagen *också* fortsätter att sälja jordsäckar som innehåller torv. Till en lägre kostnad dessutom! Skulle inte någon av de stora butikskedjorna kunna ha stake nog att skippa alla sina torvbaserade produkter för att liksom för en liten gångs skull ställa sig på planetens sida?!

Vi hämtar en begagnad Mio-soffa hos ett ungt par i Hammarby-höjden. På plats i stugan ökar den på hemkänslan rejält. I min beigegråa soffa kan jag nu ligga och blicka ut över de sörmländska åkrarna i skymningen, dricka en kopp te och tänka att även om den här världen är helt åt helvete på väldigt många sätt är den också sanslöst vacker. En kväll när dimman breder ut sig över landskapet ser jag en flock med kronhjortar som rör sig över fältet. Jag hade lika gärna kunnat bo på den afrikanska savannen. Carpe diem på den!

Jag bygger en diskbänk utomhus och får beröm av Andy för mina oväntade snickarskills. En gårdsplan börjar ta form utanför stugan. Här är vedbacke med huggkubbe, några buskar, en liten fikaplats med bord och stolar - och nu en diskbänk i samma anspråkslösa stajl. Året innan skaffade vi en sådan där jättestor IBC-behållare som rymmer 1000 liter. Där samlar vi upp regnvatten för att vattna odlingarna med. Vi har några vanliga 200-literstunnor också, men den här säsongens utökade odlingar kommer att kräva större mängder vatten.

Efter att ha hört oss för i vårt nätverk kommer vi i kontakt med en lokal grönsaksodlare som byter tre IBC-behållare mot blåbärspaj till personalens elvafika. Dagen därpå har vi rott vattenfrågan i land. Jag lider med befolkningen i Ukraina, men gläds åt det tilltagande dagsljuset. Solen skiner och vårkänslorna kan inte avstå ifrån att pulsera innanför HellyHansen-jackan.

April

Mellan farstun och vardagsrummet sätter Andy in en ascool dörr från första halvan av 1700-talet. Lager på lager av avskavd målarfärg skapar ett häftigt konstverk över dörrbladets yta. Dörren är tillverkad med dåtidens standard och som bekant var folk inte särskilt långa för 300 år sedan. Vi får bygga en riktigt hög tröskel för att det ska funka. För varje detalj som sätts på plats i stugan kommer vi allt närmre perfektion. En del människor bryr sig inte så mycket om hur det ser ut omkring dem. De kan utan att blinka förbise ofärdiga renoverings-ansatser eller anhopningar av gamla kasserade prylar. Själv behöver jag det estetiska. Det är inte som att jag vill ha det pedantiskt omkring mig men det måste finnas skönhet. Ibland kan behovet av estetik bli lite av en belastning.

I slutet av april fyller jag 9 år som författare och bestämmer mig för att lotta ut mina böcker till 9 Instagramföljare. Överraskande många hör av sig och vill vara med i utlottningen, vilket värmer i författarhjärtat. Jag fortsätter att åka till Stockholm emellanåt, fyller på med storstadspuls i största allmänhet, träffar någon, tittar på en utställning eller går på fest. Numera har jag oftast inga problem att växla mellan världarna, men det händer att kusinen-från-landet-känslan kommer över mig. Att absorbera alla intryck och trängas med folk på tunnelbanan tar mer energi än vad det gjorde före projektet.

Murandet av en vedeldad pizzaugn påbörjas i byn. Någon har tillverkat en liknande ugn i England tidigare och någon annan är allmänt händig, så medan de två gör jobbet står vi andra och tittar på. Pizzaugnen växer fram över ett par veckors tid och blir inte bara duglig för sitt ändamål utan även en artistisk installation.

Maj

Och så kommer våren på riktigt. Jag börjar tappa fart. Tiden i projektet har passerat halvtid med råge. 8 månader i ett regelverk som ställer krav på disciplin av tidigare sällan skådat slag har tagit ut sin rätt. Rebellen i mig tittar fram. Den vill shoppa kläder, äta papaya och åka på roadtrip. Den är aptrött på att tvätta kläder i gryta. Känslan jag har går eventuell att jämföra med att tillhöra en sekt. Allt som andra gör är förbjudet. Även om jag fortfarande tror på det som sekten står för börjar jag snegla allt mer girigt på hur andra människor lever sina liv.

Lite märkligt är det att motståndet kommer nu, när utmaningarna blivit så mycket färre. Inga promenader till dass i snöstorm. Inget stelfruset utomhusdiskande. Noll nätter med mössa och blåfrusen näsa. Våren förför mig med sol och plusgrader. Stugan är så gott som färdigbyggd. Ur det som länge var en byggarbetsplats har ett hem tagit form, ett hem med bokhyllor och soffkuddar, trasmattor och doften av kaffe. Jag behärskar så mycket mer nu, inte allt såklart, men tillräckligt mycket för att få till en vardag utan alltför många bakslag. Inte någon gång tidigare har experimentet varit lika enkelt som nu. Så vad gnäller jag för?

Tänk vad störig jag var när jag gick in i det här projektet. Oförskräckt hävdade jag att under 12 månader är det ju ingen match att hålla sig till nästintill vilka regler som helst. Nu börjar jag idissla tanken att jag kanske inte orkar hålla ut till den sista augusti, än mindre fortsätta med den här livsstilen efter det. För vad som blivit tydligt är att tolv månader också är trehundra-sextiofem dagar och att varje dag består av en lång radda här och nu. Jag förstår varför människan jobbat arslet av sig för att utveckla enklare lösningar. Elspisen. Dammsugaren. Tvätt-maskinen. Bilen. Take away! I grunden är vi människor lata. Helst vill vi göra så lite som möjligt.

Mitt uppe i de självkritiska dubierna slår det mig att det kan vara just min ofullkomlighet som ger boken en chans att nå fram till läsaren. För vem orkar läsa om någon självgod typ som utan ansträngning ror i land samtliga mål som hen föresatt sig? Här har vi sannerligen ingen ouppnåelig übermensch utan en folkets representant, en oförarglig genomsnittssvensk. Denna tanke fyller på mig med precis den mängd ny energi som jag behöver för att kunna köra vidare. Jag hugger min ved och bor i min stuga, lapar i mig av vårsolen och gnetar vidare med mitt livsstilsexperiment. För att hålla ångan uppe lägger jag nu allt fokus på odlingarna.

Redan i mars befolkades merparten av fönstren i Andys hus av grönsaker och bönor och blommor och tobak, sådda från frö i småkrukor och avklippta havremjölkskartonger. Hyllor med fyra våningar i varje fönster rymmer nu hundratals grönsaksbarn. Framför allt vill de ha vatten men några ska planteras om och andra ska ut i landen - efter att ha temperaturhärdats någon vecka på dagtid. En del grönsaker kan sås utomhus direkt så det gör jag.

Land efter land fylls med frön. Jag skyltar upp och täcker med gräsklipp så där som jag lärt mig att man ska göra. Färdighärdade individer planterar jag ut. I samma veva blommar de japanska körsbärsträden, äppelträden och rabarbern goes bananas. Vi planterar nya träd – tre valnöt och en aprikos. Det som tidigare påmint om en gravplats från vikingatiden är nu fyllt av färger. Men... vad är det för konstiga decimeterstora hål i odlingsbäddarna?

Redan i ett tidigt skede i det här projektet läste jag att om det skulle bli något odlat måste det till så kallad bokashi. Tänk dig matavfall. Tänk dig en hink med lock. Tänk dig ett fermenterat substrat av vetekli som strösslas över matavfallet varje gång du fyller på hinken. Vips (eller mer precis efter fjorton dagar) har det du trodde var sopor förvandlats till ett supermaterial för deppiga jordar. Matavfallet ser fortfarande ut som matavfall men har i själva verket blivit ett *fermenterat* matavfall, vilket mikroorganismerna i jorden älskar och inom kort tillverkar perfekt matjord av.

Ja, det är i alla fall så det *ska* funka. Här har det blivit lite annorlunda. Istället för maskar, mikrober och kvalster visar det sig att *råttor* satt tänderna i vår bokashi. Vi fattar snart att de har levt ett bra tag på våra gamla matrester - och fåglarnas! Oförskräckt har de grävt gångar genom och under odlings-bäddarna, förökat sig och byggt upp ett helt litet gnagarsamhälle bakom våra naiva ryggar.

Jag blir knäckt. Mer knäckt än jag hade gissat att jag skulle bli i en sån här situation. Ryssland krigar för fullt i Ukraina och Sverige överväger att gå med i Nato men jag krisar över mina grönsaker. Råttjävlarna har käkat upp allt – det som var på väg att bli morötter, blomkål, purjolök, ärter, flera olika slags bönor, spenat, broccoli, diverse ätliga blommor, sallad och rädisor. Medan de fortfarande var frön har de blivit råttmat. Just frön råkar vara råttans absoluta favvokäk. Hos mig ger sig tidigare helt okända personlighetsdrag till känna. Jag är djurvän. I hela mitt vuxna liv har jag avstått från att äta kött. Jag skulle aldrig bära päls och köper bara i undantagsfall skor av läder. Nu hejar jag på Andy när han införskaffar fällor. Jag googlar fram ett recept på hemmagjort råttgift. På nätterna drömmer jag om hur jag dödar små söta råttbarn.

Vår huvudstrategi blir att eliminera så mycket som möjligt av det som kan ätas. Bokashin är det första som ryker. Vi flyttar varmkomposten allra längst ner på tomten. Andy påstår att även utedasset kan erbjuda föda för en hungrig råtta. Eeh... skulle de äta bajs? Jo enligt någon källa på nätet är det tydligen möjligt och Andy har en kompis med erfarenhet av råttor som ska ha uppehållit sig vid (och inuti) ett avloppsrör. Vi tömmer dasstunnan (i ett djuuupt hål) och pausar användningen.

När vi är som mest förtvivlade dyker en fet huggorm upp i gräset. Bingo - orm äter råtta. Sannolikt är ju förekomsten av råttor hans hela motiv till att titta förbi. Det där att ha någon annan som gör jobbet åt oss, det är förstås det allra bästa. Alla vet ju att katter jagar råttor men tyvärr har vi ingen katt. Vad vi däremot har är en hund. När vovven under hösten nosade upp bokashin i odlingsbäddarna, ändrades raskt sträckningen för hennes hage. Förmodligen hade råttorna aldrig valt att flytta in i våra odlingar ifall hon hade fortsatt att härja runt där. Vi släpper ut hunden på området som råttorna annekterat, låter henne springa omkring och nosa, borstar hennes päls och sprider hårtussarna i vinden. Ett par dagar senare har råttorna flyttat. Jag inser hur vansinnigt stressad jag har varit och börjar genast sova bättre om nätterna igen.

Tills mördarsniglarna gör entré. Och kålmaskarna, rådjuren och vildsvinen. Tjena hej naturen!

Sommaren

Att odla mat är som att ha ett barnhem fullt av föräldralösa barn. Det kanske inte behöver bytas så många blöjor här men det ska gödslas och vattnas och rensas och gallras och sniglarna ska bort och självklart kräver grönsakerna villkorslös kärlek och pepptalk.

De sista tre

Jag har kommit fram till livsstilsexperimentets sista tre månader. Vid det här laget har jag onekligen ganska bra koll på vad jag håller på med. Det finns fortfarande mycket att lära men det är också en hel del som sitter. Jag är inte längre den där odugliga rookien som famlar efter halmstrån. Saker jag inte visste för ett år sedan har blivit självklarheter. Som att linolja kan självantända. Som att pumpor behöver maxat med gödsel medan bönor *tillför* näring till jorden. Som att ved måste torka i två år innan den eldas. Eller att tomater ska *tjyvas*. (Vilket betyder att skotten som växer i bladvecken ska tas bort.)

Precis utanför stugan mot fälten till står tre spinkiga tallar och ett snett äppelträd. Min förhoppning är att i ett senare skede kunna plocka äpplen direkt genom fönstret. Tallarna tillför däremot inte särskilt mycket. De skymmer mest sikten och jag bestämmer mig för att tilldela dem varsin betydligt striktare frisyr (lite som jag gjorde med den stora tallen uppe vid odlingarna). När jag sågat klart har alla tre fått långa grenfria stammar och varsin livskraftig trädkrona vajande i toppen. Om jag tittar slarvigt får jag för mig att det är palmer som växer utanför fönstret.

Folk som fortfarande inte har varit här och hälsat på hör av sig, plötsligt medvetna om att klockan är fem i tolv för projektet. Även om det är fortsatt kul med besök blir det också tydligt att de som dyker upp nu serveras någonting helt annat än de som hälsat på tidigare under året. Mina vid det här laget vältuggade redogörelser börjar låta alltmer mekaniska. Det är intensivt att agera språkrör och jag har svarat på samma frågor så många gånger att jag har svårt att hitta innovativa svar. *Vad saknar du mest? Vilka är de största utmaningarna?* Men så kommer en och annan som inte frågar någonting alls, som bara utbrister *Oj, här mår man bra* och sjunker ner på en filt i gräset.

I mitten av juni avslutar jag en väldigt lång promenad. Den 26 december 2015 påbörjade jag en symbolisk vandring de 1561 milen fågelvägen till Sydney. Det tog mig 6 år, 24 veckor och 6 dagar att gå den sträckan. Jag har stegat runt i Stockholm, på Öland, i Norrland, i Portugal, Skåne, Uganda, Kenya, Värmland, Västkusten, Finland, Småland och Kambodja, skrivit ner kilometer efter kilometer i ett glittrigt anteckningsblock. Tanken jag hade var att när vandringen väl var över, skulle jag också resa till Sydney. Men oops, jag har visst *slutat flyga.* Och oops igen, jag har visst skaffat en liten hund som jag inte gärna kan släpa med mig på tåg och båtar genom halva världen.

Min uteblivna tripp till Australien väcker tanken på att faktiskt resa igen. Inom Europa är det ju ändå rätt smidigt att ta sig fram med tåg. Vill man komma till andra delar av världen måste *tid* ses som nyckeln till framgång. Man behöver tid för att ta sig längre sträckor utan flygplan. (Och hundvakt.) Jag har en kompis som reste till Senegal med folkabuss, inte lika miljövänligt som tåg såklart men betydligt bättre än om han hade tagit flyget. Man får hoppas att det blir effektivare att ta sig fram med tåg i framtiden – eller att det blir renare att flyga. I väntan på framtiden bestämmer jag mig för att boka en resa till Kuba. En resa till Kuba utan att resa till Kuba, skulle man kunna säga.

Vi klär stugans innerväggar med lump-papp, en slags fattigmanstapet som var vanlig förr. Längderna består av återvunnet papper och de är tjockare än vanlig tapet. Ovanpå pappen målar vi lerfärg i en indiskt rosa nyans. Några dagar senare har färgen torkat och vi kan sätta dit lister. Efter sista listen tittar Andy på mig. *Då var det klart*, säger han. *Stugan är färdig.* I hans mungipa anar jag ett leende. Känslan är mäktig. Bygget av stugan är i mål. Vi sjunker ner i soffan. Jag tänker på när det inte fanns något golv här inne och vi hoppade mellan golvbjälkarna. När det inte fanns någon ytterdörr utan en stor grön presenning fladdrade över ingången. Jag tänker på när huset saknade fönster. När det saknade tak. Väggar. Eller när allt som fanns var en stengrund. Jag tänker på när Andy och jag la ut sopborstar och tegelpannor på marken där vi föreställde oss att stugan skulle ligga.

Det blir en varm sommar. Svetten dryper när vi flänger runt med våra vattenkannor och skottkärror. Med jämna mellanrum måste vi sätta oss och pusta med fötterna i varsin hink kallt vatten. Överallt omkring oss växer grönsaker. Klungor av ljusgröna kapslar dinglar från spensliga grenar. Inom var och en av dem slumrar två ofödda kikärtor. Kapslarna hänger här i väntan på sina kids. De hänger här i en stillsam kikärts-graviditet. Orangefärgade pumpor breder ut sig över trädgården, gulrandiga pumpor, gröna och vita. Spenaten visar på självförtroende liksom rödbetorna, jordärtskockorna, gurkorna, rädisorna och purjolöken. Blomkålen är mer blygsam för att inte tala om vattenmelonen. Den växer inte över huvud taget. Majsen får mig att tänka på Kalifornien och varje planta är så tung att den måste stagas upp med snöre.

Det finns morötter också och bondbönor, sockerärter, rotselleri, vaxbönor, vitlök, brytbönor, persilja, sallad, oregano, timjan, gräslök, ruccola, salladslök och kålrötter. Jag har inte ätit kålrötter sedan jag var liten och smaken slungar mig tillbaka till

70-talet. Häften av jordgubbarna har jag sått från frö, hälften har vi köpt som plantor. Vi har hallon och smultron och svarta vinbär och krusbär och rabarber, men nästan inga plommon i år. På något sätt har vi lyckats blanda ihop tobaken, alla fyra sorterna med samma klibbiga slags blad. Nu vet vi inte vad som är Burley och vad som är Havanna eller KY15 eller Maryland.

En tidigare arbetsplats hör av sig och undrar om jag skulle vara intresserad av att börja jobba hos dem. Vad är det jag brukar göra på jobbet nu igen? Mitt socialarbetar-jag har blivit lite suddigt i konturerna. *Jo men kanske det faktiskt*, svarar jag. *Fram till den sista augusti befinner jag mig på 1800-talet, men efter det kommer jag gärna.* Informationen hade kunnat uppfattas som lite udda, men socionomer är fördomsfria människor. *Härligt,* säger de. *Vi ses den första september.*

Dag 357. Instagram.
Sedan vi väl klurat ut vad som var tobak och vad som var ogräs/tomat/vattenmelon så har snustillverkningen flutit på bra so far. Nu ska bladen bara skördas och luftas och torkas och malas och "svettas" och bakas och kylas och lagras. Inga konstigheter.

I detta slutskede av experimentet handlar det mesta om odlingarna. Det slår mig att själva klimatfrågan glider längre och längre bort. Jag tänker inte längre på att jag odlar för klimatets skull. Mer och mer glömmer jag bort att jag befinner mig i ett projekt. Och det är ju en bra sak. Att allt till slut börjar bli en del av mig.

Så landar jag på Kuba. Che Guevara. Feta cigarrer. Pastellfärgade fasader och amerikanska 50-talsbilar. Rumba, Ernest Hemingway, Salsa Cubano och gatumusikanter i halmhattar. Hotell Havanna i Varberg levererar nära på hela paketet. Här finns chill atmosfär, cool arkitektur med valvformiga fönster och dörrar, vitputsade fasader och röda neonbokstäver. Det finns kubanska cigarrer och romdrinkar, rökrum, stort bibliotek, antika skrivmaskiner, politiska affischer i starka färger, en karibisk badavdelning, palmer och maxat med soltimmar. Som en extra fjäder i Che Guevarabaskern så är hotellet Svanenmärkt. Och - hit kan jag ta mig med tåg.

Att förflytta sig från det flärdfria 1800-talet till någonting så här färgsprakande rycker mig bryskt ur min projektbubbla. En ny slags kreativitet bubblar igång. Lägligt eftersom det är för att skriva som jag är här. På fyra dagar organiserar jag alla de handskrivna anteckningar jag gjort under året till en grundstruktur med kapitel och teman. Jag blir förvånad över hur mycket av anteckningarna jag helt glömt bort att jag har skrivit. Nu börjar arbetet med att hitta en balans mellan det allvarliga ämnet och en läsvänlig ton. Mycket i skrivandet, oavsett genre, handlar ju om just tonen, att hitta rätt ton.

> *Dag 365. Instagram.*
> *När jag vaknar i morgon är det över. Livsstils-experimentet. Det känns både skönt och vemodigt. Tack ni som följt mig under det här året! Tack för all pepp! Nu blir det bok!*

Den första september börjar jag jobba igen. Jag kastas in i en värld av kontorslandskap och hyrbilar, lysrör i taket och mikrovågsugnar. Tiden under en sten i skogen är över, men klimatfundamentalisten i mig är inte död.

Kapitel 4

Så, hur gick det?

Och vad händer nu?

Åtta jordklot

De växthusgaser som genomsnittssvensken släpper ut per år ligger alltså på 8 ton, give or take. För att ekvationen ska gå ihop skulle vi behöva åtta jordklot istället för ett. Målet med mitt projekt har varit att radikalt sänka min materiella levnadsstandard för att nå en utsläppsnivå på max 1 ton. Jag valde att genomföra experimentet i min normala biotop här i Sverige. Det är förstås enklare att leva klimatsmart på varmare breddgrader. Man slipper värma upp huset och kan odla året om. Men eftersom det är i Sverige jag bor var det rimligt att genomföra experimentet här.

Det där att mäta vilket ekologiskt fotavtryck en specifik livsstil ger handlar förstås inte om någon exakt sanning utan är mer att betrakta som en estimering. Jag valde att räkna ut mitt avtryck med hjälp av *climatehero.se*. När jag googlade runt tyckte jag att deras modell gav den mest nyanserade uträkningen med flest parametrar inbegripna. Resultatet baserar sig på livsval inom områden som konsumtion, transport, matvanor, boende och uppvärmning. De ger också förslag på vad du kan göra för att sänka ditt avtryck inom vardera område. Vad climathero.se överraskande nog *inte* tar med är internetanvändning. Mitt strikta tak på max 1 timmes skärmtid per dag gjorde emellertid den här posten ganska liten.

Min strävan med experimentet var att nå en utsläppsnivå på max 1 ton växthusgaser. Det där att ta sin del av kakan men inte mer. Så, nådde jag det målet? Lyckades jag hitta en livsstil som inte övertrasserar den magiska gränsen på 1 ton? Svaret är faktiskt ja. Med den nedmonterade välfärd som projektet innebar kunde jag kvala in som godkänd med en utsläppsnivå på 0,7 ton växthusgaser. Det har varit stunder när utmaningarna travats på varandra och jag har velat släppa alltihop och kliva av, men där jag nu står är jag förstås nöjd att jag inte gjorde det. Jag är en bortskämd nutidsmänniska som fick möjlighet att tillbringa tolv månader i ett grymt spännande livsstilsexperiment - och jag gick i mål. Yesss!

Och nu då?

Okej, så under 1 års tid gjorde jag mig alltså av med mer än hälften av mina ägodelar, flyttade ut på landet, började odla min egen mat, bodde i en stuga utan el, gick på utedass och ströp all shopping. Jag sänkte mitt ekologiska fotavtryck så att jag hamnade under 1 ton av koldioxidutsläpp. Men vad hände när projektet var över? Stoppade jag tillbaka huvudet i sanden och återgick till mitt gamla liv? En livsstilsförändring är en livsstils-förändring, right? Jag ska inte ljuga, det var en lättnad att kliva ur det strikta regelverket - lika mycket för utmaningen i att faktiskt hålla sig till reglerna som för utmaningen i att underkasta sig en sträng lagstiftning över huvud taget. Samtidigt var jag ju inte sugen på att bara strunta i det jag hade byggt upp.

Ett år är en begränsad tidsperiod, men om någonting ska hålla i längden tror jag mer på regelverk som är elastiska. Det fundamentalistiska tenderar att leda till fusk som tenderar att leda till skuldkänslor som tenderar att leda till att hela grejen bara blir himla jobbig. Jag bestämde mig därför för att behålla plattformen men att förhålla mig mer chill. I livet efter projektet har jag slopat nolltoleransen på att köpa saker, men jag kör vidare på det minimalistiska och gillar begagnat. Jag fortsätter att åka kollektivt, men en gång på femtio lånar jag Andys bil. Streaming är en utmaning men jag märker att mitt intresse för att titta på serier har minskat.

Jag bor kvar ute på landet. Vi fortsätter att odla och expandera vår permaträdgård med målbilden att bli självförsörjande inom några år. Vi har stugan och det stora huset och "hoppar emellan". Även det stora huset är hyfsat klimatsmart. Det värms med träpellets och varmvattnet går på sol. Jordkällare står kvar på Att-göra-listan liksom vedeldad badtunna. Någon gång i livet vill jag ha ett eget kaffeträd i vardagsrummet.

Personen i projektet

Många frågar mig hur jag har förändrats som människa under det här projektåret. Jag tvekar inför svaret för jag vet faktiskt inte riktigt. Är det inte ofta så att man först långt senare fattar vilken påverkan det man varit med om haft? När jag tittar tillbaka på saker som hänt mig tidigare i livet kan jag konstatera att *jo men där hände nog faktiskt någonting med mig. Där förändrades jag.* Fast när det gäller projektet är jag inte riktigt där än. Jag undrar vad som hade varit en rimlig förvandling. Att promenera ut på andra sidan som en enklare och mer jordad människa? Någon som, nedmonterad i sin materiella välfärd, håller till godo med betydligt mindre?

Man kan ta individen ur det moderna samhället, men kan man ta det moderna samhället ur individen? Det är frågan. Jag är tyvärr fortfarande en person som gillar att åka på roadtrips och jag hade med glädje placerat mig själv i en flygmaskin för att resa till andra sidan jorden. En stekhet sommardag uppskattar jag att kliva in i en luftkonditionerad shoppinggalleria och jag älskar smaken av Coca Cola (vars tillverkare har korats till världens största plastförorenare). Mitt besök på 1800-talet har inte eliminerat suget efter saker som är mindre bra för miljön, inte trollat bort dragningskraften, men det har ökat min motivation.

Jag föreställer mig att ju längre jag lever i den här enklare kontexten, ju mer kommer också mina anspråk att förenklas. Det går att trampa upp nya stigar i hjärnan och när vi väljer någonting tillräckligt ofta skrivs facit om. Redan nu anar jag att den bortskämda nutidsmänniska som är jag börjar bli lite mindre bortskämd.

19 januari 2023. Instagram.
Efter att ha levt ett år på 1800-talet är jag mer tacksam över grejer. Jag kan verkligen uppskatta självklarheter. Att slippa frysa. Att tvätta i tvättmaskin. Att köpa apelsiner. Att se solen skapa hjärtformade mönster på väggen.

Snuset

Du undrar förstås hur det gick med vår tobak. Blev det något snus? Här var det mycket snack och lika mycket verkstad, men i slutänden föll snusprojektet ändå platt till marken. Trots minutiös omsorg om tobaksplantorna och fullt fokus i de följande (ganska omständliga) processtegen, visade det sig att familjens snusare *inte gillade hur snuset smakade*. Detta var snopet, men vi får helt enkelt göra ett nytt försök med andra tobakssorter ett annat år.

Din tur

Jag har människor i min närhet som sover utomhus i minusgrader och badar i sjön på vintern. De kan göra upp eld utan tändstickor och tillreda en måltid av rötter och annat kul som de hittar i det vilda. Skulle någon av dem kliva på ett livsstilsexperiment som detta hade utmaningarna varit färre. Med den här boken vill jag dela med mig av hur det blev för mig. Du som läser kanske skulle få andra utmaningar eller helt enkelt lösa saker bättre. Du får gärna göra bättre än jag. Please do!

I bokens sista skälvande minut lämnar jag med andra ord över stafettpinnen till dig. Jag utmanar dig att göra ditt eget klimatprojekt. Oavsett hur hardcore du gör det, en kompromisslös klimatradikal eller en rätt schysst wannabe, så blir planeten garanterat gladare. Ge det ett år. Ge det ditt allt. Eller så mycket "ditt allt" som du pallar. Och dela gärna på sociala medier under hashtaggen #mittårförklimatet.

Lycka till! ♥

Det blev bok. Igen!

När det gäller tillblivelsen av den här boken vill jag särskilt tacka hjälphjärnorna Sandra Trankell, Anette Isaksson och Bengt Gripenlöf. Er tid och skärpa har varit guld!

Publicerade romaner

Författarplattform

Instagram
@ina_ekegard

Facebook
facebook.com/InaEkegardForfattare

Författarhemsida
inaekegard.wordpress.com